SIN CONTROL

pero

FELIZ

**Deje que Dios controle todo
y viva mejor**

LISA BEVERE

CASA
CREACIÓN
Para vivir la Palabra

Para vivir la Palabra

MANTÉNGANSE ALERTA;
PERMANEZCAN FIRMES EN LA FE;
SEAN VALIENTES Y FUERTES.
—1 CORINTIOS 16:13 (NVI)

Sin control pero feliz por Lisa Bevere
Publicado por Casa Creación
Miami, Florida
www.casacreacion.com
©2006-2023 Derechos reservados

ISBN: 978-1-960436-07-8
E-book ISBN: 978-1-960436-08-5

Desarrollo editorial: *Grupo Nivel Uno, Inc.*
Adaptación de diseño interior y portada: Grupo Nivel Uno, Inc.

Publicado originalmente en inglés bajo el título:
Out of Control and Loving It!
Publicado por Charisma House
600 Rinehart Road, Lake Mary, Florida 32746
©1996 por Lisa Bevere
Todos los derechos reservados.

Nota de la editorial: Aunque el autor hizo todo lo posible por proveer teléfonos y páginas
de internet correctos al momento de la publicación de este libro, ni la editorial ni el autor se
responsabilizan por errores o cambios que puedan surgir luego de haberse publicado.

Impreso en Colombia

23 24 25 26 27 LBS 9 8 7 6 5 4 3 2 1

RECONOCIMIENTOS

Mi reconocimiento más profundo es para mi esposo John, que creyó en mí lo suficiente como para no permitir que permaneciera cómoda, sino que siempre me retó a entrar en la dimensión de la gracia de Dios y su llamado a mi vida. Que nunca estemos satisfechos hasta ver su gloria. Tú eres realmente mi precioso regalo de Dios, mi amigo y mi más íntimo confidente.

A mis cuatro hijos preciosos. Addison, tu ternura, resolución y celo por la justicia son dignos de admirar. Austin, tu creatividad, tu sensibilidad y tu valentía son inspiradoras. Alexander, tu amor, tu gozo y tu risa son deleitosos. Arden, tu fuerza y tu gran determinación me desafían a vivir al máximo. Hijos, siempre los amaré profundamente. Cada uno de ustedes es una bendición única y especial de Dios.

A mi madre, cuyo aliento durante todo este proyecto significó tanto para mí. Lo mejor todavía está por venir.

A todo nuestro personal de Messenger International. Que Dios recompense su fiel diligencia.

Al personal de Charisma House y Casa Creación que trabajó junto con nosotros. Deborah, tú has sido nuestro apoyo a través del proceso de edición. Steve y Joy, los consideramos compañeros y amigos de este ministerio.

A mi Padre Dios. Tú sabes más que nadie que este libro hubiera sido totalmente imposible sin tu dirección y tu guía. Me entrego a tu gracia, eternamente agradecida.

CONTENIDO

PRÓLOGO POR JOHN BEVERE

Vivimos en un mundo donde abunda la injusticia. Hoy, más del 65 % de nuestra población ha sido afectada por la tragedia del divorcio. Eso suele ser resultado de palabras y acciones hirientes. En esta época, muchos han sido abusados tanto verbal como físicamente. Lo peor de esto es que, con frecuencia, el abuso viene de mano de las mismas personas que deberían cuidar y proteger a los maltratados. Más dañino aún resulta el hecho de que la mayoría del dolor es infligido durante la infancia, cuando la personalidad y las perspectivas de la vida se están desarrollando.

Nadie ha escapado a la abundancia de odio, celos, avaricia y egoísmo que han generado brechas y traiciones en las relaciones dentro de nuestra sociedad. Todo esto y mucho más, está contribuyendo a un problema mayor llamado "falta de confianza".

A la luz de ello, muchos nunca se animarían a confesar que disfrutan haber dejado de controlar. Más bien, la mayoría diría: "¿Qué siento? ¡Detesto no poder ejercer control!". Por esa falta de confianza del mundo de hoy, muchos se esfuerzan por tomar el control de su vida y su entorno, pensando que es la única manera de sobrevivir. La gente cree que ejercer control significa que tendrá seguridad y éxito. En estos tiempos, a los hombres y —en especial— a las mujeres, se les enseña, directa o indirectamente, a ser independientes y autosustentables. Ambos aprenden cómo controlar.

En este libro, Lisa muestra que quienes controlan su vida, sus relaciones y su entorno son los que están esclavizados. Han perdido precisamente la libertad que buscan. En cambio, quienes han cedido el control al Señor son los que realmente tienen control, y caminan en vida y libertad.

Jesús dijo: "Porque todo el que quiera salvar [o controlar] su vida, la perderá; y todo el que pierda [el control de] su vida por causa de mí, la hallará" (Mateo 16:25). Estas palabras son fáciles de recitar, pero difíciles de vivir, especialmente en una sociedad donde abunda el egoísmo.

Este libro gira en torno a esas palabras de Jesús. Es una obra muy práctica que mostrará cómo ceder el control a nuestro Salvador y encontrar la paz que tantos buscan. El conocimiento revelador que contiene este libro es profundo y transformador. Cuando leí los capítulos que contiene, exclamé: "No solo las mujeres deberían leer este libro, también los hombres deben hacerlo". Puedo imaginar que muchas parejas lo leerán juntos.

Como estoy casado con Lisa, puedo decir con sinceridad que las verdades que experimentarán con este libro no son meramente enseñanzas estudiadas. He ido con ella a través de cada una. Estoy capacitado para testificar la obra transformadora del Espíritu Santo en su vida. Ella ha crecido rápidamente en el Señor por su disposición a ser receptiva y sincera acerca de sí misma en el período que el Señor la entrenó. Su ejemplo me ha alentado a ser también receptivo y franco en cuanto a mi propia vida. Al leer estas páginas, usted no temerá abrir las áreas protegidas de su propia vida a aquel que lo ama.

No hay otra persona a quien respete y ame más que a Lisa. Confío plenamente en ella, no solo porque es mi esposa y mi mejor amiga, sino porque es una mujer que realmente teme al Señor.

Gracias, Lisa, por ser la madre y esposa consagrada que eres. Gracias por obedecer al Maestro y dar a luz este mensaje suyo. Agradezco al Señor por el privilegio de estar casado contigo.

—John Bevere, autor y conferencista,
Messenger International

INTRODUCCIÓN

Al leer este libro, algunas de ustedes verán que no están controlando su vida ¡y detestan que eso suceda! Todo cuanto les rodea es un caos. Las cosas están sin control porque *usted* las está controlando. Dios nos reta a que soltemos la administración de nuestra vida para que podamos dejar de controlar ¡y ser felices!

Esta obra es un registro de mi propio trayecto desde un control espantoso y frenético hasta un lugar de descanso bajo el control de Dios. He sido bastante receptiva y sincera, con la esperanza de que usted también pueda verse reflejada en mis temores y necedades. Por lo tanto, al leer estas páginas, permítales que reflejen su propia vida y no la de alguien más.

Somos personas en transición. Durante ese proceso, Dios se interesa más en nuestra condición que en nuestra comodidad. Por esa razón, suele permitir que nuestras circunstancias, nuestras finanzas, nuestra posición social, nuestra seguridad y nuestras relaciones se agiten. Las épocas de cambio son tiempos cruciales y críticos de nuestra vida. En medio del torbellino transicional y el desconcierto, descubrimos de qué estamos hechas, y quién es —realmente— la persona que tiene el control.

Así fue que encontré que cuando yo tenía las riendas del control, terminaba con un lío. Aunque deseaba arreglarlo, temía soltarlo por miedo a que se hiciera más grande. Pero bueno, ya es tiempo de soltar. Cuando es Dios quien tiene el control, hasta nuestros líos se ordenan bajo su cuidado. Esta obra no trata

sobre la indiferencia: trata sobre el hecho de que nos interese-
mos y amemos lo suficiente como para liberarnos, soltarnos.

Quizás se esté lamentando y diga: "¡Me soltaría si supiera
cómo hacerlo!". Podrá soltarse cuando sujete la voluntad suya
a la de Dios. Es cuando perdemos nuestra vida que él puede
salvarla.

Todos tenemos áreas cuya tutela hemos cedido. No obstante, hay otras que tememos confiar, incluso al cuidado de Dios.
Dios nos está pidiendo que nos entreguemos completamente,
para poder rodearnos con su protección y su cuidado. Él quiere
que estemos abrumadas "hasta la coronilla", para que entonces
le cedamos el control.

Me gusta comparar el soltarse con el proceso de aprender a
nadar. Puede ser una experiencia tanto emocionante como ate-
rrorizante. Para poder nadar, primero debe aprender a flotar y
permitir que el agua la sostenga. Solo entonces podrá descubrir
la libertad y la confianza de nadar. Este principio natural refleja
la transición espiritual desde nuestro gobierno natural al imperio del Espíritu Santo.

El cuerpo de Cristo constituye la fortaleza colectiva de todos
sus miembros. Dios está en el proceso de sanar cada coyuntu-
ra y miembro de su cuerpo. Para lograrlo, trata con cada una
de nosotras como individuos, de manera que podamos ser ínte-
gras. Este libro es el testimonio del proceso de pulimento de mi
persona. Aunque ese pulimento está lejos de terminar, creo que
el testimonio de ese proceso la animará a olvidar lo que queda
atrás y extenderse a lo que está delante (Filipenses 3:13).

PRIMERA PARTE

LA MUJER CAUTIVA

Estoy cansada de parecer libre cuando no lo soy, hastiada de parecer fuerte cuando en realidad soy débil.

Hace tres años, caí en una de las depresiones más profundas de mi vida. Duró alrededor de un mes. Recuerdo que mi única esperanza era que la pastora de mi hija orara por mí. Ella dijo: "El Señor dice que tú eres una hija de Sion". No tenía idea de lo que eso significaba. Me sentí un poco decepcionada. Después de varias semanas sombrías, una tarde encendí la televisión y allí estabas tú, Lisa. Mencionaste tu libro Sin control pero feliz, y pensé: ¡Tengo que conseguir ese libro ahora mismo! Cuando lo obtuve y lo abrí, imagina las lágrimas que derramé al llegar al capítulo uno y leer: "Despierta, hija de Sion". Estaba ahí sentada llorando, consciente de que cada palabra que seguía vendría directamente desde el trono de Dios. ¡Esa fue la noche en que mi depresión terminó, cuando fui colmada de esperanza a tal punto que los demonios de la oscuridad huyeron! Siempre acariciaré este recuerdo de la fidelidad de Dios para conmigo.

—L. D., Texas

Capítulo uno

DESPIERTA, HIJA DE SION

¡Despierta, Sion, despierta! ¡Revístete de poder! Jerusalén, "¡ciudad santa, ponte tus vestidos de gala, que los incircuncisos e impuros no volverán a entrar en ti. ¡Sacúdete el polvo, Jerusalén! ¡Levántate, vuelve al trono! ¡Libérate de las cadenas de tu cuello, cautiva hija de Sion!" (Isaías 52:1-2).

Comienzo con esta escritura porque creo que esa conmovedora imagen esconde abundantes verdades. Verdades que iniciaron en mi vida un despertar tal que resonó a través de mi alma hasta que todo mi ser fue cubierto. Por eso comparto con usted este precioso mensaje de libertad. La invito a meditar y analizar el mensaje conmigo, e investigar cada segmento en busca de la verdad que esconde. Vamos juntas a visitar a esta cautiva hija de Sion.

Puedo imaginarla encadenada sin esperanza a un muro de piedra. Puedo ver en la tierra polvorienta las pisadas de cuando ella luchó por escapar. Su cuello tiene la marca del yugo metálico que lo rodea. Camina mecánicamente de un lado a otro cuanto le permite el largo de su cadena, volviendo sobre cada paso, en busca de alguna llave que la haga libre. Escudriña el polvo, examina y rasga cada grieta de la pared.

Sin esperanza y desanimada, se sienta en el polvo, con los hombros abatidos, la ropa destrozada, las fuerzas agotadas. Aunque es de día, cae exhausta en el estupor de un sueño sin descanso.

Luego, veo llegar a un poderoso mensajero. Miro sobre su hombro conforme él se apiada de esa mujer, agobiada y herida. Él está de pie, mirándola en silencio mientras ella cabecea dormida. Repentinamente, él da un paso adelante, la sacude y la llama por nombre.

¡Despierta, despierta, oh, Sion! ¡Revístete de poder! Ponte tus vestidos de gala. ¡Sacúdete el polvo, oh, Jerusalén! ¡Levántate y vuelve al trono! ¡Libérate de las cadenas de tu cuello, cautiva hija de Sion!

Ella lucha para ponerse en pie, meciéndose débilmente, y señalando a la pared, a la cadena y a su yugo. "Ayúdame", ruega mientras estira la mano al mensajero, pero él está fuera de su alcance.

Una vez más, él repite su mensaje, hace una pausa, se da vuelta y se va caminando.

Desconcertada, lo llama, pero el viento se lleva su voz, y él no regresa. Ella se lamenta y dice: "¡La pared es demasiado sólida; mi cadena, demasiada pesada; y yo estoy demasiado débil para librarme sola de todo esto!". En su desesperación, hala la cadena hasta que ya no puede soportar la presión. Vuelve a refugiarse en la pared. Al menos allí puede sentir lo que tiene atrás y ver lo que hay delante de ella.

Yo repasaba una y otra vez ese escenario en mi mente, con plena conciencia de su dolor y su frustración. ¿Por qué mi visión era tan clara? Porque yo también era una cautiva hija de Sion.

Es contradictorio para una hija de Sion estar cautiva. ¡La hija es heredera y la hija de Sion es la heredera de Dios! ¿Cómo era posible que una hija de Dios estuviera en cautiverio? Pero era cierto que yo estaba prisionera.

Me consolaba al decir: *Quizás si asisto a ese seminario o si aquella persona ora por mí, seré libre.* Así, con cada nueva enseñanza o sermón, corría, me esforzaba por romper mis ataduras, y declaraba: "¡Esta vez he soportado demasiado!". Pero mi cadena era demasiado fuerte y, su longitud, siempre me limitaba a la amarga realidad de mi cautiverio.

Cansada de la continua decepción, me resigné a mi condición. Decidí que era mejor no tener esperanza que esperanzarme y volver a desilusionarme. Así que disimulé no tener cadenas y continué moviéndome en silencio dentro de los confines de mis restricciones.

Entonces, el Espíritu Santo sopló las palabras de Isaías 52:1-2 en mi camino. Me intrigaron con sus vívidas imágenes y su contraste. Tracé un paralelo entre esta prisionera de la antigüedad y yo.

Estaba cansada de parecer libre cuando no lo estaba, hastiada de parecer fuerte cuando en realidad era débil. Ansiaba más la libertad que buscar la aprobación de los que me rodeaban. Ya había descubierto que esa aprobación nunca podría hacerme libre.

Así comenzó mi búsqueda. Ningún hombre, mujer o ministerio podría jamás hacerme libre. Mi libertad estaba escondida en algún lugar de este mensaje de mi Padre, mi Hacedor.

En mi mente, visitaba muchas veces a esa cautiva hija de Sion. Cada vez parecía estar peor, más desesperanzada que antes. La última vez que la vi, estaba sentada silenciosamente en el polvo mientras el mensajero le hablaba.

Ella apenas levantó su cabeza, mientras silente observaba alejarse al mensajero. Parecía que el sol se había ocultado en su esperanza de libertad. ¿Quién era ese mensajero? ¿Acaso su enemigo lo había enviado para burlarse de sus sueños que nunca serían realidad?

Sin embargo, el desconocido esta vez, mientras subía la colina que volvería a alejarlo de su vista, se dio vuelta y miró hacia atrás.

Cavilosa, ella escudriñó su perfil contra el sol poniente. El viento volvió a llevar sus palabras hacia sus oídos: "¡Despierta, despierta, oh, Sion!".

Esta vez, sin embargo, la voz fue diferente. Ella reconoció quién la estaba llamando. Era la voz de alguien a quien ella había amado hacía mucho tiempo. En lo profundo de su ser, percibió una extraña fuerza. ¿Qué pasaría si se atrevía a oír y se aferraba al significado de esas palabras?

Ella alzó su rostro y sus miradas se encontraron. Aunque ya estaba lejos, ella podía escuchar claramente el mensaje: "Libérate de las cadenas de tu cuello, oh, cautiva hija de Sion". Él sabía quién era ella. Ahora ella también lo conocía a él: era su Padre que la llamaba. ¡Ese mensajero había sido enviado por él!

Creo que esta imagen ilustra la condición de la mayoría de las mujeres del cuerpo de Cristo. Herederas, pero cautivas. Libres, pero atadas.

¿Qué vio esa conmovida hija? ¿Cómo volvió en sí para descubrir su libertad?

Yo creo que este libro expone un trayecto semejante para su vida. Creo que lo tiene en sus manos por una razón y un propósito. Este mensaje que liberará a las hijas de Sion, aún debe ser desvelado. Una generación espera su liberación. Yo las veo levantar sus rostros, atentas a oír el viento del Espíritu Santo.

Oro para que, a través de estas verdades, pueda encontrar su liberación y alcanzar su destino. Quizás dude de mis palabras, pero atrévase a confiar en su Padre Dios.

¿QUIÉN CONTROLA?

Al comentar la verdad escondida en Isaías 52:1-2, la autora dice: "Es contradictorio para una hija de Sion estar cautiva. ¡La hija es heredera y la hija de Sion es la heredera de Dios! ¿Cómo era posible que una hija de Dios estuviera en cautiverio? Pero era cierto que yo estaba prisionera".

1. Si usted siente que la visión de la autora sobre Isaías 52:1-2 la describe, escriba abajo cuáles son las áreas de su vida en las que está cautiva.

_____

_____

_____

_____

_____

2. ¿Ha tratado de liberarse a sí misma por sus propias fuerzas? ¿Cuál fue el resultado?

_____

_____

_____

3. ¿Ha disimulado su debilidad para obtener la aprobación de otros? Describa la situación.

_____

_____

_____

_____

_____

4. A la luz de lo expuesto por la autora sobre su incapacidad para liberarse a sí misma y lo vano de sus intentos por esconder su debilidad, escriba 2 Corintios 12:9-10 en sus propias palabras.

_____

_____

_____

_____

_____

Amado Señor:

Ayúdame a comprender mi verdadera identidad como hija tuya. Déjame comenzar a experimentar la libertad. Tú ya me has comprado con la sangre de tu Hijo Jesucristo. Muéstrame las áreas de mi vida en las que sigo cautiva. Ayúdame a dejar las cosas que no he querido rendirte a ti. Ayúdame a comprender que puedo confiar en ti, no en mis propias fuerzas, para tener la victoria. Amén.

**El más desolado de los páramos es nuestro pasado.
No tiene vida, y su árido suelo es insaciable.**

En un solo día leí el libro Sin control pero feliz, de Lisa. Sabía algo sobre los controles y la perfecta voluntad de Dios en mi vida... ¡pero en esta obra señalaste probablemente cada uno de ellos! ¡Creo que mi vida nunca volverá a ser la misma!

—N. T., MARYLAND

CAPÍTULO DOS

LEVÁNTATE DEL POLVO

En Isaías 52:1-2 suceden tantas cosas que considero necesario señalar cada paso del proceso de Dios. Por lo tanto, examinaremos punto por punto, proceso por proceso. Sigamos profundizando y miremos más de cerca a esta mujer y el mensaje.

Un llamado urgente

"Despierta, despierta, oh, Sion...". Es importante notar que el mensajero repite estas palabras. Esto cumple dos propósitos: 1) despertarla de su sueño y 2) alertarla en cuanto a su verdadera condición.

Las palabras la espabilan de una somnolencia que la había envuelto, arrancándola del sueño en el cual estaba escondida. Estaba atrapada por su pasado y temerosa de su futuro. Daba un paso hacia adelante mientras seguía mirando atrás.

La mayoría de las mañanas, cuando despierto a mis hijos para ir al colegio, trato de ser agradable, y les digo con voz cantarina: "Es hora de levantarse". Disfruto verlos estirarse y volver hacia mí sus rostros somnolientos mientras parpadean por la luz matinal. Puedo motivarlos tiernamente, para que se apuren más, diciendo: "Papá está haciendo panqueques". Ellos sonríen y saltan de sus literas. El proceso matutino ha comenzado.

Sin embargo, hay otras mañanas en que nos quedamos dormidos. En esos días, mi estilo de despertarlos es totalmente diferente. Entro como un torbellino a sus dormitorios, enciendo la luz, y ordeno: "¡Levántense!". Cuando pueden oírme, les informo que estamos atrasados y la urgencia del momento. "¡Los recogen en quince minutos!". Los ojos se les abren enseguida y se ponen, rápidamente, en acción. En esos días, no hay tiempo para panqueques. Todo se enfoca en que estén a tiempo en la puerta.

Recuerdo que me despertaban en esa forma cuando era niña. No era agradable. Pero era peor despertarme y descubrir que había perdido el transporte. En el primer caso, tienes la oportunidad de vencer al reloj, pero en el segundo, el reloj ya te ha vencido.

Como el llamado a despertar se repite, creo que el mensajero estaba diciendo: "¡Levántate! ¡Es muy tarde y corres peligro de quedar cautiva!".

Esta hija de Sion, sin embargo, estaba aletargada por la opresión y la depresión. Estaba retraída y sola. Refrenada y agotada. Se preguntaba si alguna vez sería libre.

Notemos que el mensajero la llamó por su nombre: Oh, Sion. Quería que supiera con toda seguridad que le hablaba directamente a ella. Esto no es una alarma general, sino un mandato específico. Él sabía quién era ella, aunque ella pensaba que había sido olvidada.

Vístete

Él reconoce su debilidad y le dice: "Revístete de poder". No le ofreció fortalecerla, le dijo que se fortaleciera a sí misma. Seguramente, ella habrá pensado: *Yo no tengo poder.* Cuando llegamos al final de nuestras propias fuerzas, encontramos las fuerzas de Dios. La cautiva no tiene fuerza natural, pero esa no era la clase de fuerza que necesitaba. Ella necesitaba fortaleza interior, la clase que solo Dios puede proveer. Ella necesitaba sacar agua del pozo de Dios, de la fuente de profunda fortaleza interior, del manantial que nunca falla. Así que levantó la cabeza.

Señalando las vestimentas que le habían sido quitadas, el mensajero la urgió: "Ponte tus vestidos de gala". Creo que esas vestimentas representaban los sueños rotos y descartados, que le fueron quitados por la desilusión y el abuso constantes. El mensajero se las puso en las manos. Ella se maravilló de que se hubieran conservado intactas. Había temido no volver a verlas jamás. Sujetándolas en su mano, pensó: *¿Me atrevo? Cuando era más joven y más fuerte, fracasé. Fui infiel. Estas vestimentas, ¿seguirán siendo mías?*

El mensajero percibió su temor y le aseguró en términos más íntimos: "Oh, Jerusalén, ciudad santa, los incircuncisos e impuros no volverán a entrar en ti".

Con eso, él le decía: "Yo sé quién eres, lo que has hecho, y lo que te ha sucedido". Luego, él se dirigió a su temor al fracaso y reiterado hostigamiento. Le aseguró que ya nunca más sería violada, mancillada ni despojada de su dignidad. Ella sería santa, renovada y protegida.

Sion representa todo lo que es de ascendencia judía. Esto incluye la semilla natural de Abraham, la cual es la nación de Israel, y la semilla espiritual de Abraham, que es la iglesia. La palabra *Jerusalén* en este pasaje señala a la ciudad santa, "preparada como una novia hermosamente vestida para su prometido" (Apocalipsis 21:2). El mensajero le habló cariñosamente para restaurarla, llamándola como remanente del todo.

Sacude el polvo

"Sacúdete el polvo" significa quitar decididamente todo lo que la había ensuciado y embarrado. El polvo representa los restos de los periplos y fracasos pasados. El polvo es llevado por el viento, pero se acumula en los baldíos silenciosos. Se posa sobre el suelo árido sin vegetación ni humedad y produce tierras de hambruna. El más desolado de todos los desiertos es nuestro pasado. No tiene vida: su suelo árido es insaciable y absorbe nuestra verdadera vida.

Esa mujer desesperada estaba rodeada de polvo. Cada nuevo viento soplaba más polvo a su camino: el polvo de las heridas y los fracasos pasados. Cuanto más nos sentamos en nuestro pasado y cuando más lo estudiamos, más estamos condenadas a repetirlo. Así que debemos sacudirlo.

La hija de Sion sacudió el polvo de sus hombros y sus brazos. Lo quitó de sus ojos y lo arrojó de su cabello.

Levántate y toma tu lugar

El mensajero le dijo: "Levántate". Ella se levantó y dejó el pasado en el suelo.

Luego, le dijo: "Vuelve al trono, oh, Jerusalén".

La amada del Señor ya no se sentaría más sobre sus pasados errores, abusos y fracasos. Un trono había sido preparado para ella. La esperaba una posición de autoridad delegada. Ella debía descansar en esa posición, ejercitando y disfrutando los derechos y privilegios provistos. Este trono es para los hijos de Dios, los contritos y humillados.

Habiendo entregado estos pactos y promesas, el mensajero exclamó: "Libérate de las cadenas de tu cuello, cautiva hija de Sion".

Él reconoció que ella estaba cautiva, pero le informó que no tenía que permanecer así. Él le aseguró que ella tenía dentro de sí el poder para librarse de las cadenas de esclavitud.

Las cadenas no ataban sus manos ni sus pies, ni rodeaban su cintura. Rodeaban e inmovilizaban su cuello. Aunque podía mover manos y piernas, estaba atada y limitada por el cuello.

Ella se movió cautelosamente, consciente de sus limitaciones. Pero, animada por la esperanza de la libertad, comenzó a sentir lo que no podía ver. Cuando se hubo sacudido y limpiado el polvo de sus vestimentas, creyó sentir algo.

Entonces, levantó el collar de sus harapos destrozados y tocó su corazón. Sus cadenas habían impedido que la viera, pero su mano pudo trazar el relieve de una llave que reposaba sobre su pecho. Levantó la llave hacia la luz del sol poniente y le dio vuelta en su mano. Nunca había visto el cerrojo que sellaba el yugo alrededor de su cuello. Todo cuanto podía hacer era sentirlo. Pero estaba segura de que debía ser su llave. Su Padre la había escondido allí precisamente para ese momento. Insertó la llave en el cerrojo y, con un crujir oxidado, las cadenas cayeron a sus pies.

Muchas de nosotras estamos atadas a una pared. Movemos brazos y piernas, pero nuestra actividad no nos lleva a ninguna parte. Seguimos atadas por el cuello.

La llave a la libertad ya está escondida en los corazones de quienes se atreven a creer. No es la llave a algo… sino a Alguien.

> He aquí, yo estoy a la puerta y llamo; si alguno oye
> mi voz y abre la puerta, entraré a él, y cenaré con él,
> y él conmigo.
> —Apocalipsis 3:20

Depende de nosotras usar la llave y abrir la puerta de nuestros cautivos corazones.

¿QUIÉN CONTROLA?

En la visión de la autora sobre Isaías 52:1-2, las vestimentas robadas representaban los sueños rotos y descartados, que la desilusión y el abuso constantes le quitaron a la cautiva hija de Sion.

1. ¿Qué situaciones, problemas o circunstancias de su vida le han robado sus sueños?

_____

_____

_____

_____

_____

2. ¿Cree que Dios tiene poder para restaurar sus sueños? Escriba una declaración de que confía en el Señor.

_____

_____

_____

_____

_____

3. La autora ve un mensajero que le dice a la mujer: "Yo sé quién eres, lo que has hecho, y lo que te ha sucedido". La Biblia nos dice en 1 Samuel 16:7 que Dios nos ve de modo muy diferente a como nos vemos a nosotras mismas. Él mira el corazón. Él conoce nuestros secretos más escondidos y nos ama a pesar de todo. Escriba en unas cuantas oraciones lo que eso significa para usted.

_____

_____

_____

_____

_____

Amado Señor:

Gracias porque he oído tu "llamado a levantarme" y no es demasiado tarde para que pueda ser libre de las cosas que me mantenían en cautiverio. Vuelvo a recibir de ti las esperanzas y sueños que el enemigo ha tratado de robarme. No quiero permanecer entre mis errores, abusos y faltas pasadas. Ayúdame a verme como tú me ves: perdonada, sanada, renovada y protegida. Puedo volverme a ti y abrirte la puerta de mi corazón. Quítame todos los miedos ahora que doy este paso de fe y pongo mi confianza en ti. Amén.

Puede pasarse la vida entera tratando de descubrir por qué está enredada y seguir enredada cuando lo haya descubierto.

Mi amada hermana en Cristo, Lisa, tu libro Sin control pero feliz ha cambiado mi vida. Estoy libre de mi pasado y "feliz". Disfrutando de la humildad y la simplicidad con que tú enseñas.

—O. E., Grecia

CAPÍTULO TRES

SU PASADO NO ES SU FUTURO

Quizás usted sienta que conoce a la mujer del capítulo uno. Es probable que le recordara a una amiga, hermana o pariente. Tal vez la conexión fue más profunda: vio reflejada en esa mujer su propio dolor, su frustración, sus sueños rotos y su cautiverio.

Como ella, también se ha enojado y frustrado por los mensajes de libertad que solo la hacen sentirse más atada. Quizás tanteó en busca de la mano del mensajero, y esperó ayuda o apoyo, solo para encontrar que escapó de su alcance. Ha luchado, pero al final ha vuelto a caer en el polvo de su pasado.

Cuando viene a ver, está urgida —no, desesperada— por un cambio. Quizás en este instante esté diciendo: "Lo intenté tantas veces, pero ¡nunca resultó!". Tengo una palabra de Dios para usted: su pasado no es su futuro.

Si medimos nuestro futuro por nuestro pasado, estamos condenadas a repetirlo. Es un error creer que al estudiar nuestros pasados fracasos, traumas o abusos podremos prevenir o corregir los presentes. Considerar nuestro pasado no nos garantiza el futuro: lo anula. Cuando investigamos, analizamos y hurgamos en todos nuestros ayeres, nos limitamos a la información que nosotras mismas hemos acumulado sobre abusos o decisiones equivocadas. Apoyarnos en nuestra propia sabiduría y experiencia no salvaguardará nuestro futuro.

Necesitamos a alguien mayor y más sabio que nos guíe y nos proteja: necesitamos a Dios. Él conoce el fin desde el principio. Él ve claramente el cuadro completo, mientras nosotras solo vemos un fragmento, oscuro y distorsionado (1 Corintios 13:12). Él es independiente del tiempo, mientras que nosotras estamos sujetas a él. ¿Cómo podremos recurrir a esa sabiduría?

Primero, debemos tratar nuestro pasado de la manera que Dios indica. Por tanto, ¿cómo procesa Dios nuestro pasado? ¿Cuál es su instrucción?

Su pasado ya pasó

Hermanos, no pienso que yo mismo lo haya logrado ya. Más bien, una cosa hago: olvidando lo que queda atrás y esforzándome por alcanzar lo que está delante, sigo avanzando hacia la meta para ganar el premio que Dios ofrece mediante su llamamiento celestial en Cristo Jesús.

—Filipenses 3:13-14

Un día, el Espíritu Santo me habló, y comparó este versículo con lo que parece ser su aplicación actual. Me advirtió: "La iglesia está esforzándose por lo que queda atrás y olvida lo que está adelante".

Cuando reflexionamos en el pasado y tratamos de encontrarle sentido a todo lo que sucedió, nos limitamos a frustrarnos. Al volver a recrear, repasar y rebobinar continuamente ese ayer, construimos diferentes escenarios de lo que pudo haber sido. Es como tratar de caminar hacia adelante mirando hacia atrás. Pensamos: *Si yo hubiera hecho esto o aquello, entonces las cosas habrían sido diferentes.* Sí, eso es verdad, las cosas habrían sido diferentes. Pero no las hizo de manera diferente y pensar en ello, *ahora*, no cambiará el *entonces*. Su pasado, no importa cuán trágico o terrible haya sido, ya pasó. Nunca podrá volver atrás y cambiarlo.

Aun las partes maravillosas de su pasado ya no están. No trate de vivir con esos recuerdos ni permita que le roben su presente. Solo agotarán su tiempo y energías.

Dios nunca vuelve atrás, aunque es el único que puede hacerlo. Él siempre está mirando hacia adelante, moviéndose más allá del presente.

Cuando Adán cayó, Dios no se sentó a pensar: *¿En qué me equivoqué? ¡Nunca debí haber plantado ese árbol! Debí haber colocado un ángel que lo resguardara. Ahora tendré que volver a empezar. Mejor lo pienso bien para que esto no vuelva a suceder.*

No, Dios les explicó a Adán y a Eva las consecuencias inmediatas y de largo alcance de sus acciones. Pero, en medio de esa triste separación, profetizó que los redimiría de la caída y la maldición del pecado (Génesis 3:15).

Esta es una verdad trágica: puede pasar su vida entera intentando descubrir por qué está enredada y seguir así aun cuando lo haya descubierto. Toda su búsqueda le hará saber el *por qué*, pero saber el por qué no produce el poder para cambiar. Usted debe conocer el *quién*. Una no se dirige al problema en busca de la respuesta, sino que va del problema a la respuesta. Esa contestación, nuestra respuesta, es Jesús. La pregunta es: ¿Creemos que basta con lo que él hizo?

Con demasiada frecuencia, permitimos que el enemigo nos haga creer que nuestro caso es único o que nuestro dolor es demasiado grande para Dios. Pensamos: *Soy la excepción y, por lo tanto, necesito un trato especial.* Así que reunimos toda la información y contamos nuestra historia, tratando de descubrir por qué sucedió algo. Por desdicha, saber el por qué no necesariamente implica que podamos hallar el significado de lo que sucedió.

Olvídelo

Nuestra amiga, la mujer de Isaías 52:1-2, representa a Israel cuando fue llevado al cautiverio por olvidar a Dios. La gente había cometido toda clase de idolatría, había roto cada mandamiento dado por Dios, y era orgullosa y altiva (ver Isaías 14:1).

En el cautiverio, los israelitas se sintieron desesperanzados y desamparados. Temían que Dios los dejara en la esclavitud. Su culpa les pesaba tanto que dudaron que Dios pudiera perdonarles su iniquidad. Al mirar a su alrededor, a los ciudadanos babilonios y la extraña tierra de su cautiverio, solo podían recordar lo que los llevó a esa situación. Sus fracasos estaban permanentemente ante ellos.

Sin embargo, cuando Dios les habló durante el cautiverio, los consoló y les presentó un cuadro muy diferente: uno de esperanza. Quería que ellos se atrevieran a creer que él los restauraría una vez más. Así que les dijo que olvidaran sus fracasos e infidelidades pasadas.

> No temas, porque no serás avergonzada. No te turbes, porque no serás humillada. Olvidarás la vergüenza de tu juventud, y no recordarás más el oprobio de tu viudez.
>
> —Isaías 54:4

Dios no le dijo: "Quiero que recuerdes tu vergüenza y aprendas de ella". Lo que les dijo fue: "Olvida la vergüenza, porque yo ya lo he hecho". Él trató con sus temores y los exhortó: "No tengan temor. Yo no dejaré que sean avergonzados ni humillados. No les recordaré el pasado, así que tampoco dejen que ninguna otra persona lo haga: olvídenlo". En esencia, Dios estaba diciendo: "Una vez fuiste aquello; ahora te he hecho nuevo; ¡pronto serás esto!".

Más de lo que esperamos

¡Voy a hacer algo nuevo! Ya está sucediendo, ¿no se
dan cuenta? Estoy abriendo un camino en el desierto,
y ríos en lugares desolados.

—Isaías 43:19

Dios disfruta al convertir nuestras tierras desoladas en pra-
dos fértiles. Él tiene un plan para irrigar nuestra tierra árida. Él
conoce su plan; nosotras no.

Los que se pasan la vida recordando el ayer dicen: "Mañana será como hoy, porque hoy es como ayer". Pero no es así
como Dios mira las cosas. Él comprende que nuestra naturaleza
humana lucha con el temor, así que nos anima.

Porque yo sé muy bien los planes que tengo para ustedes —afirma el SEÑOR—, planes de bienestar y no de
calamidad, a fin de darles un futuro y una esperanza.

—Jeremías 29:11

Notemos que Dios no da un bosquejo del plan ni dice:
"Conocerán el plan". Solo nos asegura que conoce el plan y que
es bueno.

Claro que nos gustaría oír los detalles. Queremos saber
cuándo, dónde, cómo y con quién. Sostengo la teoría de que
aunque él nos diera todos esos detalles específicos, seguiríamos
preguntándole por qué. Así que no nos da informes detallados y
nos concede la oportunidad de confiar en él.

Nos sentimos abrumadas si tratamos de entender todos esos
elementos. No podemos. No tenemos la información necesaria.
Aunque nos parezca que entendimos el plan, Dios nunca hace
lo que esperamos. Lo cierto es que hace más.

Al que puede hacer muchísimo más que todo lo que podamos imaginarnos o pedir, por el poder que obra eficazmente en nosotros...

—Efesios 3:20

Atrévase a confiar aunque no pueda ver ni comprender. Decida confiar en Dios en vez de seguir temiendo. Esta es la poderosa fuerza que separa a los creyentes de los incrédulos. El conocimiento completo no requiere fe. Dios nos reta a que sencillamente confiemos en él y en su Palabra.

Mi esposo, John, siempre comparte esta verdad: "Solo una persona puede sacarle de la voluntad de Dios: ¡usted!". Ningún hombre, mujer, ministro, ministerio, padre, cónyuge ni amigo puede hacerlo. Solo usted. Cuando usted se decida a concordar con la voluntad y el plan de Dios para su vida, las opiniones de los hombres, mujeres, organizaciones y demonios no tendrán importancia alguna. No importa cuántas veces hayan fracasado quienes le rodeen. No importa cuántas veces haya fallado usted. Dios nunca falla.

Si Dios está por usted, ¿quién podrá estar contra usted? (Romanos 8:31). El propósito de Dios prevalecerá a menos que, claro, usted elija no creer.

Así como es innegable que nadie puede apartarla de la voluntad de Dios, es igualmente cierto que solo usted puede entrar en ella. Es una decisión que usted debe tomar por sí misma.

La decisión es suya

El punto más sobresaliente de Isaías 52 es que la libertad de la mujer dependía totalmente de que *ella*, no Dios, actuara. Fue su respuesta a la instrucción de Dios lo que determinó su destino. Dios ya había provisto todo lo que ella necesitaba para lograr su liberación, pero ella tenía que actuar en concordancia con el mensaje. Tenía que mezclarlo con fe. Ahora era su decisión: creer o seguir cautiva.

Solemos responsabilizar a los demás. Queremos que ellos nos ayuden. Miramos a la familia, amigos o ministerios, pensando que si nos pudiéramos acercar lo suficiente a ellos seríamos libres. Sin embargo, generalmente ocurre que cuanto más nos acercamos, más imperfecciones vemos. Entonces, nos damos cuenta de que ellos también son humanos y deben depender de Dios. Ellos caen de los pedestales sobre los cuales nunca debieron haber sido puestos. Su caída suele desilusionarnos.

Dios permite eso por una razón. Él quiere que miremos el mensaje, no al mensajero. Él quiere recibir toda la gloria por lo que hace en nuestra vida. Se nos otorga el privilegio de trabajar con él en este proceso. Él adiestra nuestras manos para la batalla y nuestros dedos para la guerra (Salmos 144:1).

Cuando determinamos en nuestro corazón buscar a Dios y todo lo que él ha provisto, todo el infierno tiembla. Es entonces cuando el enemigo desata sus ataques desalentadores. Trata continuamente de hacernos volver atrás, señalando nuestros fracasos y temores pasados. Desanimados, solemos malinterpretar la resistencia del enemigo como una respuesta: que Dios se niega a ayudarnos.

Dios no se niega a ayudarnos; él está esperando por nosotras. Determine hoy que ya no seguirá tolerando el cautiverio. No viva con menos de lo que la muerte de Jesús proveyó para usted. Irá a reinar con él. Elija la vida del Señor.

Me siento movida a cerrar este capítulo con esta palabra de aliento escrita en mi diario. Este texto fue específico para mí, pero agrego referencias bíblicas para que usted vea cómo se pueden aplicar a su vida. Dios nunca contradice su Palabra. Esto es algo que el Señor me dio en oración. Permita que le ministre esperanza.

EXTRACTO DEL DIARIO

Sé que te sientes vacía y seca, hija mía, pero ese vacío procede de mí. Estoy quitándote lo último de lo viejo, pero no te dejes llevar por tu alma. Mantente en el espíritu. ¡Brota, oh, manantial! Di a las aguas que salgan. Pídeme lluvia. Pídeme aguas refrescantes. Tú estás en el umbral, pero necesitas mis fuerzas para cruzar. Adora y alaba ante mí. Deja que tu mente se acalle. Esto será tu fortaleza y tu refrigerio.

No planees ni premedites, pero sé consciente de que yo haré que quienes se hayan levantado contra ti sean avergonzados y confundidos en tu presencia. No temas ni dejes entrar el terror como antes, solo cíñete con amor y alabanza. Ten cuidado con lo que oigas y digas, porque el enemigo quiere sembrar cizaña para cosechar contiendas. Sé parca en palabras, porque tendrás muy poco que decir hasta que llene tu boca, pero pronto estallarás y desbordarás.

Antes de continuar leyendo, ore audazmente conmigo:

En este día, tomo la decisión de temerte y honrarte, Dios, por encima de mis fracasos pasados y por sobre todo cuanto trate de desanimarme o distraerme.

Escrituras relacionadas con el extracto del diario: Números 21:17; Salmos 35:4; 138:2; 141:3; Isaías 52:9; Jeremías 1:17-19; Mateo 13:36-43; Juan 4:13-14; 1 Juan 4:18.

¿QUIÉN CONTROLA?

1. ¿Hay alguna situación de su pasado que usted sigue tratando de comprender? Hable de ella.

_____

_____

_____

_____

_____

2. ¿Cree que lo que Jesús hizo en la cruz es suficiente como para liberarla de su pasado? ¿Por qué?

_____

_____

_____

_____

_____

3. Dios quiere transformar lo destruido en hermosura. Usted no puede comprender todo sobre el pasado y el futuro; solo puede confiar en el hecho de que *él* los conoce y que cuida de usted. Revise las siguientes escrituras y anote las promesas que Dios le tiene según las encuentre en cada una:

- Isaías 54:4

- Isaías 43:19

- Jeremías 29:11

- Efesios 3:20

4. Dejar las exigencias del pasado requiere que deje de enfocarse en el *por qué* y empiece a centrarse en el *quién*. Lea Filipenses 3:13-14. Escriba los versículos en sus propias palabras como una declaración de que usted cambia los problemas del pasado por la respuesta: Jesús.

_____

_____

_____

_____

_____

Amado Señor:

Tú eres la respuesta a mi búsqueda. Hoy decido dejar de centrarme en mis errores pasados y mis circunstancias presentes. Me enfocaré en ti como la fuente de mi fortaleza y mi protector. Contigo, no dependeré de ninguna otra fuerza o relación. Dedico mi corazón a buscarte y también a todo lo que tú has provisto para mí. A pesar de lo que suceda a mi alrededor, permaneceré firme en tus promesas, y opto por vivir para ti. Amén.

Algunas de nosotras hemos soportado la cautividad y el acoso por tanto tiempo que se ha convertido en un estilo de vida.

Leí el libro de Lisa, Sin control pero feliz. Me hizo recordar un momento de mi vida en que pensé que Dios me había dejado. El libro me hizo comprender que tenía un problema con el cual debía tratar. Hasta entonces, no había sido libre. Nunca había conocido una paz así, a despecho de todo lo que me rodeara. Ahora sé que él es quien controla todo. Gracias por haber dejado que Dios te use para bendecir mi vida.

—I. B., REINO UNIDO

CAPÍTULO CUATRO

ES TIEMPO DE IMPACIENTARNOS

Ahora que hemos establecido el modo en que la hija de Sion es liberada, surge la pregunta: ¿Cuándo se soltará de sus cadenas?

> Pero cuando te impacientes, te librarás de su opresión.
> —Génesis 27:40

Observe que no dice: "Cuando Dios piense que ya tú no puedes soportar más, él te librará de la opresión". Ni dice: "Cuando Dios determine que has sufrido lo suficiente, entonces te quitará el yugo". En realidad, Dios ni siquiera se menciona en este versículo, pero encontramos las palabras *te* y *tú* mencionadas dos veces cada una.

Al parafrasearse, podría leerse: "Cuando hayas pasado lo suficiente, te librarás de su opresión. Cuando hayas dejado de echarles la culpa a los demás ... cuando hayas dejado de sentir pena por ti misma ... cuando hayas dejado de buscar la persona u organización que te ayude ... cuando hayas dejado de mirar atrás ... cuando hayas dejado de culpar a Dios ... cuando te hayas frustrado completamente por las limitaciones de tu yugo ... cuando te hayas cansado lo suficiente como para enojarte ... entonces arrancarás el yugo y serás libre".

Este versículo de las Escrituras viene de la historia de Jacob y Esaú, los gemelos de Isaac. Esaú era el mayor, por lo que tenía derecho a recibir una bendición especial de su padre. Pero Jacob usurpó la bendición de su hermano. Sin saberlo, Isaac le dio a Jacob todo lo bueno y lo puso como amo de Esaú.

Cuando Esaú supo eso, lloró y le rogó a Isaac que le diera alguna palabra de bendición. La única bendición que Isaac pudo darle a Esaú fue: "Pero cuando te impacientes, te librarás de su opresión" (Génesis 27:40 NVI).

Es importante notar que Dios no le quitó a Esaú la bendición sin razón. Esaú había vendido esa bendición a Jacob años antes, cuando regresó con hambre de una cacería. Él le pidió a Jacob un poco de su guisado. Viendo que Esaú era vulnerable, Jacob le pidió a cambio la primogenitura. Esaú dijo: "Me estoy muriendo de hambre, así que ¿de qué me sirven los derechos de primogénito?". Así que hizo un juramento, y le vendió su primogenitura a Jacob. Es decir, Esaú despreció su primogenitura (Génesis 25:29-34).

Otra traducción dice que Esaú tomó su primogenitura como si se tratase de algo sin importancia. No respetó ni honró la relación de pacto que había heredado como descendiente de Abraham. Valoró superficialmente su primogenitura y jugó con ella. Vendió su herencia espiritual por la comodidad temporal y natural.

Esaú representa el favor, el talento, la fuerza y la capacidad naturales. Era el primogénito. Esaú representa todo lo que un hombre puede lograr por su capacidad natural. Tenía el brazo de la carne (2 Crónicas 32:8). Él apeló al gusto de su padre por lo silvestre.

> Isaac quería más a Esaú, porque le gustaba comer de lo que él cazaba; pero Rebeca quería más a Jacob.
>
> —Génesis 25:28

Por su parte, Jacob no tenía la habilidad física que lo ayudara a conseguir el cariño de Isaac, pero era amado por Rebeca. Era un hombre callado que se quedaba en las tiendas. Él estaba más apegado a su madre, posiblemente porque sabía que su padre prefería a Esaú. Estoy segura de que ella le daba aliento y que le contó lo que Dios le había mostrado cuando estaba embarazada: que el mayor serviría al menor (Génesis 25:23). Jacob representa al débil y menos notorio. Dios no promueve ni recompensa a la manera del hombre. Aunque Jacob era menor en fuerza y capacidad, escondía dentro de él la fortaleza para ser un príncipe de Dios. Jacob se sobrepuso a su debilidad y le fue dado un nuevo nombre, *Israel*, que significa "príncipe de Dios" (Génesis 32:28).

Algunas de nosotras hemos sido dominadas por las circunstancias y por quienes nos rodean. Eso pasa cuando no tomamos en serio nuestro pacto y la autoridad que implica. Cuando descuidamos el pacto, corremos el riesgo de perder su protección y sus beneficios.

Esto es cierto en cualquier relación de pacto: matrimonio, familia o liderazgo. Cuando no usamos nuestra autoridad, otro la tomará y la usará contra nosotras. Toda autoridad viene de Dios y es delegada (Lucas 9:1). Por lo tanto, para tener autoridad, usted debe estar bajo autoridad.

Esaú salió de debajo de la autoridad, protección y bendición de su padre; la bendición de Jacob llegó a ser una maldición para Esaú. Por eso quedó sujeto a su hermano.

La autoridad de Dios está presente en nuestra vida, la usemos o no. Dios nos ha dado autoridad en el nombre de Jesús. Es un privilegio y a la vez un honor compartir su nombre y el dominio que representa. Pero si no ocupamos nuestro lugar o si compramos lo temporal a expensas de lo eterno, dejamos abierta la puerta para que otro usurpe nuestra autoridad. Entonces, la autoridad que Dios nos ha dado es usada contra nosotras, no por nosotras.

La Biblia dice que Jesús tomó toda la autoridad de Satanás. Él le arrancó sus llaves y su armadura (Lucas 11:22; Apocalipsis 1:18). Por lo tanto, la única autoridad que Satanás tiene es la que con engaños nos induce a cederle. Las únicas armas que él usa son las que hemos abandonado.

Él se nos acerca diciendo: "Tú no puedes usar esa arma. No tienes suficiente pureza ni suficiente santidad", y nos recuerda nuestros fracasos. Nos intimida, al medir nuestro valor por nuestro desempeño pasado. Si comenzamos a medirnos de esa manera, descubriremos que somos débiles y escasas de justicia. Entonces, escuchamos y creemos las mentiras de Satanás. Así es como dejamos nuestras armas.

Sin embargo, nuestro pacto no se basa en nuestra capacidad o justicia. Se basa en el triunfo de Jesús y en su justicia. Nuestro pacto con Dios es uno de gracia construido sobre las mejores promesas (Hebreos 8:6). Es importante que lo honremos y lo estimemos como tal. Atrévase a creer siempre. Debemos temer y honrar a Dios tanto como para no vendernos nunca a un alivio o comodidad temporales.

Adelante, enójese

Cuando John y yo llevábamos un año de casados, él dejó un trabajo estable con un buen sueldo en una posición de ingeniero para servir en nuestra iglesia. Sus ingresos eran casi la mitad de los anteriores. En ese momento, me olvidé de la idea de tener casa propia.

Como matrimonio, habíamos acordado dejar de lado nuestra seguridad económica para seguir con toda seriedad el llamado que Dios había hecho a nuestra vida. Tan pronto como propusimos en nuestro corazón hacerlo, nuestras finanzas cayeron bajo ataques desde todas las direcciones. Una mañana fui hasta mi auto y encontré que la ventana estaba hecha trizas y las partículas de vidrio en el asiento. No había razón alguna para esa rotura, así que le echamos la culpa al gran calor de Texas. El automóvil no estaba en condiciones de andar y no teníamos dinero para repararlo.

Acepté un trabajo para ayudar económicamente, pero los ataques parecían absorberlo todo. Ya no soñaba más con la casa. Me la pasaba preocupada por saber si tendríamos combustible y comida suficientes hasta cobrar el próximo sueldo.

John y yo diezmábamos fielmente y dábamos nuestras ofrendas. Sin embargo, parecía que nos robaban por todos lados. Una noche, asistimos a un servicio en el que la gente estaba testificando de la fidelidad de Dios bendiciendo sus finanzas. Pensé: *No me interesa la bendición. A esta altura solo quiero provisión.* Después de la reunión, los dos estábamos tan desanimados que nos sentamos en el automóvil y lloramos. Nos prometimos no permitir que nadie supiera de nuestra necesidad económica. Si Dios no nos cuidaba, nos las arreglaríamos así.

Al otro día, en casa durante el almuerzo, leí todos los pasajes que pude encontrar sobre las finanzas y la provisión. Frustrada, pateé el suelo y dije en voz alta: "Dios, tú dijiste que suplirías mis necesidades. Pero, ¡no lo estás haciendo!".

Él me contestó: "Yo no estoy parado entre tus finanzas y tú".

Quedé desconcertada. Sabía que estábamos haciendo todo lo posible de nuestra parte para guardar el pacto que habíamos hecho con Dios. Habíamos confesado, creído, dado ofrendas y diezmado. La única cosa que no habíamos hecho era recibir. Dios me había dicho que él no estaba reteniendo nuestras finanzas. Entonces, ¿quién lo estaba haciendo?

Entonces me enojé. Ahí, en mi cocina, grité: "Escrito está que Dios suplirá todas mis necesidades de acuerdo a sus riquezas en gloria. Estas son mis necesidades. Diablo, te ordeno que saques tus manos de nuestras finanzas. No volveremos atrás ni desobedeceremos el llamado que Dios hizo a nuestras vidas. La Palabra de Dios es verdadera, no importa lo que parezca".

Sentí que realmente algo sucedió dentro de mí. Estaba entusiasmada y esperanzada, aunque no había hecho más que pararme en mi cocina y gritar. Llamé a John a la oficina, y le dije: "Querido, ha pasado algo. El problema no es Dios, ¡es el diablo!". John también se entusiasmó. Dios le había mostrado lo mismo durante su almuerzo. Los dos nos regocijamos. Éramos ricos en fe.

Esa noche después del servicio, un matrimonio que había visitado la iglesia, nos llevó aparte. Nos contaron que Dios les había dicho que nos dieran un dinero. Así que nos entregaron un sobre y se fueron. Cuando llegamos a casa, descubrimos —para nuestra gran sorpresa— que contenía lo que necesitábamos para reparar mi automóvil y quedaba lo suficiente como para comprar comida y combustible.

¡Es necesario que alguien grite en la cocina! Han soportado el acoso y el cautiverio por tanto tiempo que se ha convertido en un estilo de vida. No deje que la timidez y los fracasos pasados la sigan aplastando. ¡Dios no la está resistiendo! ¡Él la está alentando a que prosiga!

Cuando mis hijos comenzaron a caminar, disfrutaban aventurarse intentando recorrer la corta distancia desde el sofá hasta la mesa. Iban más lejos si todos los aclamábamos y aplaudíamos. Se paraban y chillaban para recibir la atención de todos, y luego daban unos pasos más y se aplaudían a sí mismos.

Pero llegó el día en que se dieron cuenta de que caminar no era solo para hacer un *show*, sino algo permanente. De pronto, dejaron de pensar que era divertido. Tenían que esforzarse para seguir caminando. Se dejaban caer sobre sus traseros forrados en pañales y lloraban hasta que alguien los levantaba y los cargaba.

Yo solía apartarme de su alcance y los animaba, diciendo: "Vamos, ¡puedes hacerlo!". Ellos sabían que podían, pero era más fácil no hacerlo. Querían que los cargaran. Ahora no puedo detenerlos. Caminar ya no es un problema. ¡Corren por todos lados! ¡Hasta hacen cosas que me asustan con sus patines "Rollerblades"! Descubrieron el gozo de moverse independientemente. Cuando se cansaron de estar sentados y esperando que los alzaran, se pararon, caminaron y luego corrieron.

No se siente en el suelo esperando que alguien la levante. Si está impaciente, Dios la está llamando no solo a caminar sino a correr libremente y sin restricciones. No tiene que esperar al siguiente seminario para liberarse. No tiene que entenderlo todo. ¡Enójese y libérese!

Permita que la fe de Dios abra sus ojos para ver lo que la duda y el desánimo han escondido de su vista.

EXTRACTO DEL DIARIO

Hija mía, no debes esconderte ni retroceder. Con todo lo que hay dentro de ti, debes seguir adelante. No desesperes ni te aferres a tus fracasos pasados, porque hay en ti una nueva gracia para levantarte y derrotar los impedimentos de tu vida. Muévete velozmente y con seguridad a medida que el tiempo de preparación se acerque. Debes aprender ahora porque después no será tan fácil. Guarda el gozo como tu fortaleza y sujeta tu carne hasta que sea tu sierva. Una nueva libertad y fortaleza vendrán sobre ti mientras esto se hace realidad. No te desanimes, sino anímate en mí.

Las escrituras relacionadas con el extracto del diario son: 1 Samuel 30:6; Nehemías 8:10; Salmos 42:5; 73:28; Romanos 5:16-17; 6:19; Filipenses 3:13; Santiago 4:8.

¿QUIÉN CONTROLA?

1. La cautividad, ¿ha llegado a ser su estilo de vida? A pesar de su frustración, ¿experimenta usted cierto nivel de comodidad en la familiaridad de su "prisión"? Reflexione sobre esto un momento y luego indique su nivel de impaciencia en una escala del 1 al 10, en la que 1 sea estar cómoda y 10 estar impaciente.

   1   2   3   4   5   6   7   8   9   10

2. Vuelva a mirar la lista de las cosas que la privan de ser libre (apuntar con los dedos a Dios, a otros y a nosotras mismas, esperar que alguien nos levante o nos diga cómo hacerlo, etc.). Esta lista, ¿puede ayudarla a ver en su propia vida las cosas que le impiden impacientarse tanto como para liberarse? Sea sincera consigo misma y escriba respecto a ellas.

   _____

   _____

   _____

   _____

   _____

3. Usando como modelo la historia de Jacob y Esaú, reflexione en sus relaciones de pacto. ¿Hay algunas que usted haya tomado a la ligera, permitiendo que le sea quitada la autoridad que Dios le había dado? ¿Cuáles son?

_____

_____

_____

_____

_____

4. Satanás nos recuerda nuestros errores para engañarnos, de modo que abandonemos nuestras armas espirituales y dejemos de usar nuestra autoridad en Cristo. Reflexione por un momento sobre esto. ¿Ha creído usted las mentiras y acusaciones del enemigo? Escríbalas abajo. Use una concordancia para encontrar una escritura que revele la verdad de Dios respecto a cada una de esas mentiras. Escriba el versículo a continuación de la mentira.

Mentiras del enemigo	Verdades de la Palabra de Dios

Amado Señor:

Abre mis ojos para que vea las áreas de mi vida en las que he permitido que la duda y el desánimo ocultaran mi autoridad en ti. Muéstrame lo que debo hacer para caminar en la autoridad que me has delegado. En el nombre de tu Hijo Jesús, declaro firmemente que hoy corto las cadenas del pasado y me suelto de ellas. Desde hoy, andaré en el gozo del Señor, y no permitiré que mentiras, acusaciones ni circunstancias me roben mi libertad y autoridad en Cristo. Amén.

Dios está cortejando una novia de entre su iglesia, una que lo ame porque no puede vivir sin él.

Acabo de leer su libro Sin control pero feliz. Soy esposa de un pastor y esa lectura ha transformado tanto mi vida como mi ministerio. Esta obra bendecirá no solo a las damas, sino a las mujeres que están en el ministerio. Su lectura será un requisito para las mujeres de nuestro ministerio.

—B. M., Pensilvania

CAPÍTULO CINCO

JESÚS, ¿VENDRÁ POR UNA ESPOSA O POR UNA NOVIA?

Cuando un hombre se casa con su novia, esta se convierte en su esposa, ¿cierto? Sí, eso es verdad. Pero, ¿será posible ser esposa y no novia? Muchas de nosotras conocemos la definición de esposa, pero ¿y qué de ser una novia o prometida? Fuimos novias por tan poco tiempo que hemos olvidado totalmente de qué se trata.

Compañerismo

Cuando John y yo nos comprometimos, los dos estábamos totalmente enamorados por la exclusiva razón de que nos sentíamos hechos el uno para el otro. Estábamos seguros de que Dios nos había unido. Contábamos los días y las horas que nos separaban y anticipábamos ansiosamente el tiempo que estaríamos juntos. Cuando nos reuníamos, nada más parecía importar. Todas las otras presiones o distracciones parecían desvanecerse.

John no me pidió que me casara con él porque yo fuese una buena cocinera, una gran madre, una buena ama de casa, una persona económicamente responsable o una ayuda idónea maravillosa. No me exigió que le demostrara mi aptitud en ninguna área. Él sabía que tenía mi corazón y con eso le bastaba.

Así que me propuso matrimonio porque me amaba y se sentía incompleto sin mí. No parecía importarle el hecho de que pudiera tener hijos, administrar el hogar, balancear la chequera o acompañarlo en el ministerio. Se casó conmigo por una razón: compañerismo.

Dios sacó a Eva del costado de Adán por esa misma razón. Este estaba solo y anhelaba a alguien semejante a él. Así que Dios lo hizo caer en un profundo sueño y procedió a quitarle la costilla que empleó para crearla a ella. Más tarde, Dios se la presentó a Adán (Génesis 2:21-23). Eva había estado oculta en Adán todo el tiempo. Luego se volvieron a juntar otra vez como uno, pero de una manera novedosa y distinta: separados, aunque en un solo ser.

De la misma forma, el Padre nos ha preparado como la novia de su Hijo. La muerte de Cristo, el segundo Adán, hizo brotar de él a su novia, la iglesia. El costado de Cristo fue desgarrado, de modo que la sangre y el agua fluyeron cuando él entró en el sueño de la muerte. Ahora nosotras, como la novia, anhelamos ansiosamente la cena en las bodas del Cordero, donde lo veremos cara a cara y estaremos unidos con él para siempre.

La gracia de Dios es verdaderamente asombrosa, porque su misericordia triunfa sobre nuestra sentencia. Aunque merecíamos la muerte, él nos redimió para que llegáramos a ser la única novia y compañera de su Hijo por la eternidad. Esto nos coloca en posición de hijas suyas.

Él no nos redimió para esclavizarnos. Es para libertad que Cristo nos hizo libres (Gálatas 5:13). Dios no quiere que trabajemos *para* él. Nos redimió para que podamos trabajar *codo a codo* con él. Nosotras no podemos hacer nada de valor eterno apartadas de él, así que sería una necedad creer que podemos hacer algo *para* él. Solo producimos lo que es aceptable y vivificante cuando trabajamos *con* él, por medio de su fuerza, su vida y su Espíritu.

Ofrenda aceptable

El sacrificio de Abel fue aceptable, porque él siguió el patrón que Dios estableció en el jardín. Un animal inocente debía ser sacrificado y ofrecido para cubrir la desnudez y las transgresiones del hombre.

Abel era pastor de ovejas. Dios proveía la vegetación, el grano y el agua que nutrían los rebaños de Abel. Este solamente los cuidaba. Sin embargo, en el tiempo señalado, Abel separó el cordero primogénito de su rebaño para ofrecérselo a Dios.

Su hermano Caín trabajaba como labrador de la tierra. Plantaba, cultivaba, atendía y recogía sus cosechas, pero cuando Dios rechazó la ofrenda que le dio, él se enojó y se puso celoso de su hermano.

> Entonces el Señor le dijo: "¿Por qué estás tan enojado? ¿Por qué andas cabizbajo? Si hicieras lo bueno, podrías andar con la frente en alto. Pero si haces lo malo, el pecado te acecha, como una fiera lista para atraparte. No obstante, tú puedes dominarlo".
>
> —Génesis 4:6-7

Dios no rechazó a Caín: rechazó su ofrenda. Caín no supo reconocer la diferencia. Se sintió rechazado y aislado. Dios notó eso, y lo animó a hacer lo correcto y sobreponerse al pecado que estaba a su puerta. Caín tuvo la misma oportunidad que Abel de presentar un sacrificio aceptable, pero no escuchó el consejo de Dios.

Adán, seguramente, instruyó a sus hijos que el sacrificio animal era el método aceptable para preparar una ofrenda para Dios. Si no, ¿cómo habría sabido Abel qué hacer? Quizás el sacrificio animal le pareció demasiado simple a Caín. Tal vez quería presentar algo que él hubiera producido para Dios.

Cualquiera fuera la razón, parece que Caín estaba demasiado ocupado trabajando para Dios como para trabajar con él.

Es mucho más fácil atacar a quienes nos rodean que reconocer que hemos hecho cosas a nuestra manera y por nuestros propios medios. Así fue como Caín se levantó y mató al hermano que creía que Dios favorecía.

> Y dijo Caín a su hermano Abel: Salgamos al campo. Y aconteció que estando ellos en el campo, Caín se levantó contra su hermano Abel, y lo mató.
>
> —Génesis 4:8

¿Su labor o la nuestra?

Cuando trabajamos *para* Dios más que *con* Dios, perdemos de vista su carácter, su naturaleza y su perspectiva. Nuestros motivos se distorsionan y se mezclan. Nos enorgullecemos de nuestras realizaciones (mira cuán arduo trabajo), de nuestros logros religiosos (servimos a Dios a nuestra manera en vez de la de él), nos hacemos legalistas (por los parámetros y restricciones del hombre) y sentenciosas (criticando todo lo que está fuera de nuestra comprensión). Pronto estamos presentando las obras de nuestras manos y la labor de nuestra carne a Dios para recibir su bendición, pero Dios no bendice eso.

Frustradas, comenzamos a luchar con nuestros hermanos. La envidia revuelve nuestro corazón contra los que están trabajando aceptablemente. Somos tentadas a creer que merecemos más porque estamos trabajando más arduamente. ¿Por qué son bendecidos los demás? El enemigo quiere llevarnos a creer que ellos nos han quitado, o desplazado, el favor que sentimos que debería ser nuestro.

El favor y la aceptación de Dios son accesibles a todos, pero son entregados en los términos de él, no en los nuestros. Dios imparte una justicia nacida del Espíritu, contraria a nuestra razón natural (Gálatas 5:5). No se puede ganar por obras. Por lo tanto, no puede ser guardada por esas obras. Es un regalo. La recibimos en base a la obra de Jesús y el amor de Dios. La religión es restrictiva y tiene pretensiones de superioridad moral. Trabaja para producir, mientras que el Espíritu produce sin trabajar. Por desdicha, en las iglesias, muchas personas están ocupadas siendo "esposas religiosas" mientras que Dios está esperando y anhelando una novia enamorada.

Yo creo que Dios está cortejando a una novia de entre su iglesia: una que lo ame porque no puede vivir sin él.

Novia o esposa

Para explicar el concepto de novia, miremos la historia de Ana, que fue una de las dos esposas de Elcana. A ella la mencionan primero, lo cual indica que la primera de él. Es posible que, debido a la esterilidad de Ana, Elcana haya elegido casarse con una segunda esposa, Penina. La segunda esposa de Elcana le dio muchos hijos, pero la esterilidad de Ana continuó por años. Ana era amada y cuidada por su esposo; pero había en ella anhelaba más. Eso se hacía evidente cuando la familia iba a adorar al Señor.

Cuando llegaba el día de ofrecer su sacrificio, Elcana solía darles a Penina y a todos sus hijos e hijas la porción que les correspondía. Pero a Ana le daba una porción especial, pues la amaba a pesar de que el Señor la había hecho estéril. Penina, su rival, solía atormentarla para que se enojara, ya que el Señor la había hecho estéril. Cada año, cuando iban a la casa del Señor, sucedía lo mismo: Penina la atormentaba, hasta que Ana se ponía a llorar y ni comer quería.

—1 Samuel 1:4-7

Aunque era honrada por su esposo con una doble porción, Ana no la podía disfrutar porque su rival la atormentaba mucho. ¿Cómo podía Dios permitir eso? Notemos que dice que fue Dios, no el diablo, quien cerró la matriz de Ana. ¿Por qué? Yo creo que Dios la cerró para crear en Ana un hambre divina, una necesidad mayor que la que un hijo puede satisfacer, una que solo él puede saciar.

Ana amaba a su esposo, pero a través de la adversidad había aprendido que él no era su fuente de vida. Dios lo era. Ella veía cómo Penina tenía hijos con su esposo. El nombre de Elcana estaba establecido, pero ella tenía necesidad de más. Por muy maravilloso que su esposo fuera con ella, no era suficiente como para llenar el lacerante vacío de su corazón.

El quebrantamiento y la humildad fueron trabajando la naturaleza de Ana. Todo su anhelo, desilusión y tormento crearon un vientre que podía dar una semilla profética.

Yo creo que Ana era una novia. Como Dios era su fuente de vida, ella era una dadora, no una tomadora. Por eso, su esposo amaba a Ana más que a Penina, aunque aparentara producir menos.

Año tras año, ella oró por un hijo. Al principio, sus motivos pudieron haber sido: "Dios, por favor, dame un hijo; por la descendencia de mi esposo". Luego pudo haber cambiado a: "Dios, dame un hijo a causa de mi rival". Pero cuando llegó a ser: "Dios, dame un hijo, y yo te lo daré a ti", Dios le concedió su deseo.

> Entonces, hizo este voto: "Señor Todopoderoso, si te dignas mirar la desdicha de esta sierva tuya y, si en vez de olvidarme, te acuerdas de mí y me concedes un hijo varón, yo te lo entregaré para toda su vida, y nunca se le cortará el cabello".
>
> —1 Samuel 1:11

Ana le pidió a Dios que su vientre estéril y vacío generara un hijo varón. No solo pidió un hijo, sino uno apartado para Dios e inspirado por Dios. En su desesperación, ella consagró y concibió al niño Samuel. Este fue la voz profética de Dios para un Israel perdido y extraviado.

Ambas mujeres estaban casadas con el mismo marido, pero se relacionaban con él en modos muy diferentes. Penina era la esposa religiosa, mientras que Ana era la novia perdidamente enamorada. Lo que sigue son algunos de los contrastes entre estas dos mujeres:

Ana	Penina
Estéril	Fructífera
Amada	Usada
Quebrantada	Orgullosa
Devota	Religiosa
Abnegada	Egoísta
Novia	Esposa

Ana era estéril y amada mientras que Penina era fructífera y utilizada. Ana fue quebrantada y buscó a Dios, no solo en actividades religiosas. Penina estaba orgullosa de sus vástagos y se sentía cómoda con lo religioso. Despreciaba a Ana porque Elcana la amaba, aunque no producía hijos. Ana se negó a sí misma la alegría de criar a su hijo por tal de darlo al Señor. Penina aparentemente estaba más ocupada consigo misma y consideraba poco los sentimientos de los demás. Ana era el amor de su esposo, mientras que Penina era su esposa.

Después de Samuel, Ana tuvo cinco hijos más, mientras que Penina no tuvo otros (1 Samuel 2:21). Penina ya había cumplido su propósito.

Parecería que la naturaleza y los motivos de Ana eran muy diferentes de los de Penina. Podemos vislumbrar la naturaleza de Penina en la oración profética de Ana cuando llegó la dedicación de Samuel:

> Dejen de hablar con tanto orgullo y altivez; ¡no profieran palabras soberbias! El Señor es un Dios que todo lo sabe, y él es quien juzga las acciones. Los que antes tenían comida de sobra, se venden por un pedazo de pan; los que antes sufrían hambre, ahora viven saciados. La estéril ha dado a luz siete veces, pero la que tenía muchos hijos languidece.
>
> —1 Samuel 2:3, 5

Penina se había reconfortado con los hijos que había procreado. Había estado saciada, mientras Ana desfallecía de hambre. Penina veía ahora que sus hijos eran desplazados por los de Ana, la esposa favorita.

Yo creo que estas dos esposas representan proféticamente la condición de la iglesia. Están las novias estériles que claman por más, y están las esposas satisfechas que permanecen en silencio. Las novias aman y son amadas por Dios. Ellas tienen intimidad con él. Han sido quebrantadas y humilladas por sus adversarios. La persecución labró en su naturaleza el carácter piadoso de la mansedumbre. Ellas no tocan la gloria, sino que la devuelven a Dios. No han olvidado por qué lo aman: son sus novias.

¿Cómo está su apetito?

Lo que he visto que Dios ha hecho en el pasado y lo que veo que hace ahora es maravilloso. Pero tengo hambre de algo que aún tengo que ver, gustar y tocar. Me regocijo por lo que el cuerpo de Cristo ha experimentado, pero tengo ansias de más.

Este deseo de obtener más comenzó a crecer en mi corazón hasta que me sentí embarazada de él. Luego, Dios me desafió: "Si quieres más de lo que has visto, necesitarás ser más de lo que has sido. Necesitarás dar más de lo que has dado". En cada nuevo nivel de nuestro andar con Dios, hay mayor compromiso y separación.

Una mañana, mientras oraba por mi familia, le pedí a Dios que aumentara el hambre de mis hijos por él. En lo profundo de mi espíritu, escuché su respuesta: "Si tus hijos no tienen hambre, es porque ya están llenos".

Así como el hambre natural surge cuando estamos vacíos, y desaparece cuando estamos llenos, sucede con el hambre del Espíritu. Por lo tanto, solo tendré hambre cuando no esté llena. Para desarrollar esa hambre espiritual, debo ayunar de todo lo que no es Dios y trata de llenarme. Para explicarlo, miremos otra vez a Ana.

Ana ayunó su doble porción de comida y favor; luego se postró ante Dios. Ella rehusó dejarse consolar por el mero favor humano. Quería el favor de Dios. En esos tiempos, la esterilidad era un oprobio. Cuando su esposo le dio una doble porción de carne en la fiesta religiosa, lo que les comunicó a los allí presentes fue lo siguiente: "Yo amo a esta mujer. Aunque ella no me ha dado un hijo, tiene mi favor". Pero Ana había llegado al punto en que esa doble porción del favor y el amor de su marido, no eran suficientes. Así que clamó al Señor, consciente de que solo su provisión podría satisfacerla.

En medio de las actividades religiosas y las distracciones naturales, es importante que nos neguemos a nosotras mismas las satisfacciones efímeras y clamemos por más. Como Ana, debemos clamar al Altísimo hasta que responda nuestros anhelos más profundos. Debemos negarles a nuestras almas la satisfacción de lo temporal y clamar por lo eterno.

Al que no tiene hambre, hasta la miel lo empalaga; al hambriento, hasta lo amargo le es dulce.

—Proverbios 27:7

Este ejemplo no se limita a la comida. Para quienes tienen hambre de Dios, hasta su corrección es refrescante. Por eso, una mujer infecunda puede cantar:

Regocíjate, oh estéril, la que no daba a luz; levanta canción y da voces de júbilo, la que nunca estuvo de parto; porque más son los hijos de la desamparada que los de la casada, ha dicho Jehová.

—Isaías 54:1

Dios nos está llamando a volver a nuestro primer amor. Ahí hallaremos la fortaleza y el sustento para seguir siendo novias.

John y yo tenemos cuatro hijos. Todos nacieron de la intimidad. No tuvimos intimidad para tener hijos. Tuvimos hijos porque habíamos tenido intimidad. De la misma manera, Dios quiere que nuestra prole espiritual sea el producto de la intimidad con él. No debemos seguir a Jesús para obtener salvación, finanzas, ministerio, unción, sanidad ni ninguna otra cosa. Encontramos todo eso cuando nos internamos y nos fusionamos en él.

Varios años atrás, cuando me preparaba para ministrar en una reunión de mujeres, oré la misma antigua y piadosa oración de siempre: "Señor, úsame para ministrarles a estas mujeres..." Dios me interrumpió con una pregunta.

—Lisa, ¿alguna vez has sido usada por un amigo?

—Sí —le contesté.

—¿Y te gustó?

—No, para nada. Me sentí traicionada.

—¿Alguna vez fuiste usada por un novio?

—Sí —contesté.

—Y, ¿te gustó?

—Claro que no. Me sentí sucia y degradada.

Entonces, Dios me dijo:

—Yo no uso a la gente. Satanás es el que hace eso. Yo los sano, los unjo, los transformo y los conformo a mi imagen, pero no los uso.

Eso me impactó. Siempre me habían enseñado a orar de esa manera pero, repentinamente, pude ver cuán absurdo es pensar en Dios como un aprovechado y un interesado.

Dios me dijo que se entristece cuando los ministros solo le permiten un acceso limitado a algunas áreas de su ministerio, pero le niegan el acceso a otras. El aspecto que más frecuentemente sustraemos a su influencia es la de nuestro estilo de vida personal.

Las áreas en las que no dejamos entrar a Dios, en última instancia, nos llevan a caer. No sé cuántas veces he oído decir: "No entiendo cómo alguien tan ungido para predicar pudo llegar a ser alcohólico, a abusar a su familia o a cometer adulterio. Dios ha usado a esa persona muy poderosamente. ¿Qué pudo haber pasado?".

Dios siempre desea fluir en cada área de nuestro ser, no solo en la del ministerio. Nosotras somos las únicas que limitamos a Dios. Oro para que su unción se derrame en cada área de mi vida y que ninguna quede sin ser tocada por su presencia.

Conocidas por Dios

En cuanto a lo sacrificado a los ídolos, es cierto que todos tenemos conocimiento. El conocimiento envanece, mientras que el amor edifica. El que cree que sabe algo, todavía no sabe como debiera saber. Pero el que ama a Dios es conocido por él.

—1 Corintios 8:1-3

No es la cantidad de conocimiento que tenemos lo que produce vida. La vida se encuentra en el conocimiento que vivimos. ¿Qué es mejor? ¿Tener conocimiento de Dios o ser conocido por él? Usted puede conocer algo acerca de alguien, pero no tener una relación con esa persona. Por eso, es de suma importancia que seamos conocidos por Dios.

Cuando Jesús habló en los evangelios de algunos que quisieron entrar al reino de los cielos y les fue negado, dio la siguiente explicación: "Apártate, no te conozco". Ellos conocían al Señor, pero él no los conocía a ellos. Cuán trágico es conocer a alguien sin dedicar tiempo a dejar que esa persona la conozca a usted.

El salmista exclamó: "Examíname, oh Dios, y conoce mi corazón" (Salmos 139:23). Él quería que Dios hurgara en los lugares más recónditos de su alma hasta ser conocido por Dios. Es en este proceso que somos transformados por la luz de su Palabra. Es a través de este proceso que desarrollamos un corazón que puede amar a Dios. Somos transformadas de esposas a novias. Puede que usted anhele conocer conforme es conocida, para que pueda amar como es amada.

EXTRACTO DEL DIARIO

Te amo. Quiero que te regocijes en esto. Recibe voluntariamente este amor y corrección de mi mano a mi lado. No huyas de mí, al contrario, corre hacia mí, porque estás injertada y no debes forzar ni estirar nuestra relación, sino simplemente caminar a mi lado. Corre cuando yo corra; descansa cuando yo descanse; sube cuando yo suba; salta cuando yo salte, ya sea hacia arriba, hacia adelante y por encima, hacia tu destino, que es llegar a ser como yo. Este destino será forjado y fortalecido a mi lado. No trates de hacerlo por tus propias fuerzas: volverás a mí desilusionada cuando tus fuerzas fracasen, porque la obra que hago es rápida y segura, y trae mucho gozo y fruto. Participa de estos mientras caminas, porque yo no deseo que estés agotada y escasa de fuerzas, sino refrescada con y por nuestra labor. Mis caminos no son agobiantes, sino fáciles y livianos, perfeccionados por la obediencia y el amor. Siéntate a mis pies y aprende de mí.

Las escrituras relacionadas con el extracto del diario son: Mateo 11:29-30; Lucas 10:41-42; Romanos 8:29; 11:17-21; Filipenses 2:12-13; Habacuc 12:5-6.

¿QUIÉN CONTROLA?

1. La autora afirma que Dios "no quiere que trabajemos para él, ya que nos redimió para que podamos trabajar junto con él". Lea la siguiente lista de pensamientos de la autora sobre la participación en el ministerio. Considere en oración cómo se siente usted respecto a su intervención en el ministerio y marque lo que corresponda. ¡Sea sincera!

❑ "Yo merezco ser bendecida, porque estoy trabajando arduamente".

❑ "Estoy haciendo que esta área del ministerio sea mejor de lo que haya podido ser antes".

❑ "A ella no se le debe dar participación después de lo que hizo".

❑ "Realmente, no tengo tiempo para escuchar. Tengo demasiado que hacer".

❑ "Debo cuidar lo que hago. No hay nadie que pueda tomar mi lugar".

❑ Otros:

2. Si usted marcó alguna de las afirmaciones anteriores, puede ser una señal de que se está esforzando en vano. Reflexione un momento sobre eso. Describa la diferencia entre trabajar *para* Dios y trabajar *con* Dios.

_____

_____

_____

_____

3. La autora comparte lo siguiente: "Las áreas en las que no dejamos entrar a Dios, en última instancia, nos llevan a caer". Haga un sincero examen de su vida y nombre las áreas a las que le sustrae la influencia de Dios. Anote abajo algo que él le revele, y luego dedique un momento a someter esas áreas a Dios.

_____

_____

_____

_____

_____

Amado Señor:

Te amo y quiero conocerte más íntimamente cada día. Como la novia que está incompleta sin su prometido, así estoy yo, incompleta sin ti. No quiero limitarte, por lo que te doy entrada a cada una de las áreas de mi vida. Por favor, examina mi corazón y muéstrame si hay algún lugar al que te estoy negando el acceso. Te ruego que tu unción fluya a través de cada área de mi vida, a medida que aprenda a trabajar junto a ti. Amén.

Si usted está recibiendo afirmación, amor, autoestima, alegría, fortaleza y aceptación de cualquiera que no sea Dios, él sacudirá todo eso.

Lisa, he leído su obra *Sin control pero feliz.* ¡Estoy completamente anonadada! Dios me está hablando de una manera muy poderosa a través de su trabajo. Han sido pocos los libros que me hayan impactado como este. Gracias, Lisa.

—R. M., CANADÁ

CAPÍTULO SEIS

NOS SACUDE PARA DESPERTARNOS

Cuando Dios nos sacude para despertarnos, solemos encontrarnos rodeadas por lo desconocido y hostil. Dios nos saca de lo seguro y nos empuja fuera de nuestra zona de comodidad. Llamo zona de comodidad a todo lo que es familiar, esperado, constante y que está bajo nuestro propio control.

Estamos cómodas cuando sucede lo que esperamos. Disfrutamos de ser comprendidas y sostenidas por quienes nos rodean. Preferimos tener una fuente constante de provisión económica. Pero cuando tenemos toda esa comodidad y ese apoyo, fácilmente caemos en un falso sentido de seguridad.

Dios está más interesado en nuestra condición que en nuestra comodidad. A veces, él mismo revuelve nuestro nido para hacer que las cosas cómodas se nos vuelvan incómodas.

> [Él Señor es] como un águila que agita el nido y revolotea sobre sus polluelos, que despliega su plumaje y los lleva sobre sus alas.
>
> —Deuteronomio 32:11

Así es como las jóvenes águilas reciben su entrenamiento de vuelo. Nacen en un nido cómodo y seguro, acolchadas y aisladas bajo su madre. Reciben comida fresca cotidianamente. Pero llega un día en que su supervivencia se ve amenazada si permanecen en ese lugar cómodo. Así que la madre águila hace que el nido acogedor y seguro sea incómodo e inhóspito.

La madre águila agarra el nido con sus talones, y sacude sus alas de arriba abajo, haciendo saltar así el agradable y cómodo acolchado fuera del nido. Arranca lo que antes había provisto con tanto cuidado. Luego, toma a cada polluelo y lo lleva fuera del nido hacia el viento. Aquí es donde las águilas jóvenes aprenden a volar: no pueden probar sus alas si están echadas en el nido.

Cuando Dios comenzó, en serio, el entrenamiento de vuelo conmigo, me sentí como si no tuviera nada a qué aferrarme. Parecía que mi vida era un océano de inseguridad. Todo lo que había sido sereno y constante estaba agitado o en transición. A veces, la situación era tan fuerte que me acostaba en la cama y forzaba al cerebro a tratar de entender por qué estaban sucediendo todas esas perturbaciones.

Nuestras finanzas se tambaleaban. Socialmente, éramos rechazados. Yo me sentía sola, aislada, malentendida y perseguida. Oraba y clamaba a Dios, pidiéndole dirección, pero solo podía escuchar el eco de mis preguntas sin contestar. No podía encontrar reposo.

Me sentía tan marginada que caminaba como si sobre mi cabeza hubiera una inmensa señal que todos podían leer, menos yo. Mi necesidad era tan visible que alejaba a la gente. Nadie a nuestro alrededor parecía comprender por qué o qué era lo que estábamos atravesando.

Estaba cada vez más cansada de tratar de explicarme a mí misma para poder recibir consejo o alguna palabra del Señor. Parecía que nadie podía ayudarme. Pero había una razón para ello: nadie debía ayudarme. Dios quería que yo encontrara mis respuestas en él. Él estaba creando en mí hambre y descontento.

John también estaba pasando por el fuego. Al principio, tratamos de hablar sobre el asunto. Tal vez debimos hacerlo.

Quizás nunca debimos haber dejado Dallas. ¡Nos atacaban por todos lados! Pronto la situación era demasiado confusa para discutirla.

John reconoció que estábamos atravesando un proceso de refinamiento. Pero yo cuestionaba cada aspecto y cada detalle, tratando de hallarle sentido.

No hay atajos

Una mañana, John regresó muy entusiasmado de su tiempo de oración. Dios le había hablado. *Por lo menos, una persona en esta casa todavía puede oír que Dios le habla*, pensé con alegría, así que me dispuse a ser toda oídos.

John me dijo que había estado orando afuera, en un lugar descampado, cuando Dios le indicó que mirara a su alrededor. John notó que había una sección de pasto corto, luego un espacio grande de tierra, seguido por una expansión de pastos altos.

Dios le dijo a John que el pasto corto representaba la unción que él había conocido durante su vida, la tierra representaba el desierto por el cual atravesaría; el pasto alto representaba la unción con la cual John caminaría después de cruzar el desierto.

Yo me entusiasmé, al pensar que casi estábamos saliendo del solitario páramo del tiempo de agitación. John le preguntó a Dios dónde estaba él en el proceso e imaginó que debía estar cerca del final de la tierra.

No obstante, Dios fue muy claro en su respuesta. "Tú estás al final del pasto corto".

Con gran desilusión, le pregunté a John: "¿Esto debería edificarme? ¿Debo alegrarme al oír que las cosas irán empeorando antes de que mejoren?". Yo quería un atajo a través de ese terreno.

Pronto me encontré tan ocupada buscando una salida, que perdí el propósito del proceso. Me concentraba tanto en el desierto, que no podía ver que este estaba forjando la respuesta a mis oraciones: que Dios crearía en mí un corazón limpio y que separaría lo precioso de lo vil.

Una noche en particular, sintiendo gran lástima de mí misma, me metí a la bañera y comencé a llorar. Estaba embarazada de seis meses de nuestro segundo hijo. Era muy posible que John perdiera su empleo. Me sentía perseguida e incomprendida. Creíamos que estábamos obedeciendo a Dios. Entonces, ¿por qué estaba sucediendo todo eso?

A John se le ocurrió entrar y encontró a su enorme mujer embarazada llorando en la bañera. Ni siquiera tuvo que preguntarme por qué lloraba. Cuando me miró, le expresé cada temor, duda, preocupación y pregunta que tenía. "¿Por qué, por qué, por qué?", me preguntaba.

Con gran calma, John me preguntó:

—Lisa, ¿qué le has pedido a Dios que haga en tu vida? ¿Le has pedido muebles o ropa?

En ese momento, deseé —en silencio— haber pedido bendiciones en vez de lo que estaba atravesando.

John siguió preguntando.

—¿Qué le pediste?

—Le pedí a Dios que me refinara —contesté en un susurro.

—Bueno, eso es lo que estás recibiendo —contestó John y salió.

Yo sabía que él tenía razón. Pero no era lo que yo quería oír en ese momento. Yo quería que John dijera algo como: "Pobrecita mi mujer. Aquí estás embarazada y con miedo a que pierda mi empleo. Déjame que te consuele". No quería que me hablara como si fuera una congregación. Quería cariño.

"Dios, ni siquiera mi marido me comprende. ¿Por qué me haces atravesar una transición cuando estoy embarazada?", me quejé.

Él contestó: "Porque es cuando estás más vulnerable".

Era indudablemente cierto. Me sentía extremadamente vulnerable. Estaba estremecida y, para colmo, Dios me estaba zarandeando. Dios toma las épocas en que nos sentamos débiles e inseguros para usarlas en beneficio nuestro.

En aquella ocasión, su voz conmovió la tierra, pero ahora ha prometido: "Una vez más haré que se estremezca no solo la tierra sino también el cielo". La frase "una vez más" indica la transformación de las cosas movibles, es decir, las creadas, para que permanezca lo inconmovible.

—Hebreos 12:26-27

Me sentía incómoda, porque estaba experimentando el zarandeo de Dios en cada aspecto de mi vida. Su zarandeo quita lo temporal, solo deja lo que es de su reino (v. 28). Desde entonces, he aprendido a apreciar este proceso. Quiero hablarles de cinco cosas que logra el zarandeo.

1. Despierta

Cuando mis hijos están en un profundo sueño, tengo que sacudirlos a menudo para que se levanten. Dios hace lo mismo con sus hijos: los despierta sacudiéndolos. Sacudir no es la manera óptima de ser despertado, pero logra el mejor efecto. Nos hace estar totalmente despiertas y capta nuestra atención.

2. Cosecha lo que está maduro

Hace años que viví en la Florida, un estado lleno de naranjales. Cuando es el tiempo de la cosecha de cítricos, los agricultores usan maquinarias con brazos mecánicos que agarran el tronco de un árbol y lo sacuden. La fruta madura cae en unas redes colocadas abajo. Solo lo que está maduro cae fácilmente. Las sacudidas de Dios cosechan lo que está maduro en la vida del creyente, sea bueno o malo. Vemos el producto de las semillas previamente plantadas.

3. Quite lo que esté muerto.

Cuando el viento sopla lo suficientemente fuerte, sacude las hojas muertas de los árboles. Las ramas muertas también son arrancadas por el viento. Solo lo que tiene vida permanece en el árbol y sobrevive a la tormenta.

Cuando Dios nos sacuda, solo permanecerán las cosas de su reino. Dios nos sacude para quitar de nosotras las obras muertas y las ramas sin vida. No hay razón para temer cuando quite lo viejo o lo muerto. Esto abre camino a lo nuevo y vivo. Dios sabe que las obras muertas nos sobrecargan y pueden llegar hasta a incendiarse.

> Su obra se mostrará tal cual es, pues el día del juicio la dejará al descubierto. El fuego la dará a conocer, y pondrá a prueba la calidad del trabajo de cada uno.
> —1 Corintios 3:13

4. Fortalezca y establezca.

Lo que soporta la sacudida y permanece, después se encontrará más cerca de su fundamento.

Mi esposo y yo tomamos una vez un vuelo internacional que hizo una parada en la isla de Guam, que acababa de pasar por un gran terremoto. Los hoteles estaban en ruinas porque los constructores no habían cavado lo bastante profundo como para llegar al sólido fundamento rocoso. Los edificios se estremecieron durante el terremoto, y se hundieron hasta llegar a un punto macizo.

Nuestro fundamento debe ser Jesucristo. Todo lo que construimos que no esté sostenido por él, sufrirá pérdida.

"... porque nadie puede poner un fundamento diferente del que ya está puesto, que es Jesucristo ... Si lo que alguien ha construido permanece, recibirá su recompensa".

—1 Corintios 3:11, 14

Dios sacude para que las cosas, que no pueden ser sacudidas, permanezcan. Esa zarandeada quita todo lo superficial y lo que nos separa o nos enreda. Eso nos da la oportunidad de construir nuevamente con un soporte apropiado para la estructura: Cristo.

5. Unifique.

Imagine que coloca en un frasco una taza de arena roja y una taza de arena azul, y que luego lo sacude. Lo que logrará ver es arena color violeta. Sería prácticamente imposible volver a separar la arena roja de la azul.

Cuando Dios sacude a la iglesia, nos une. Cuando nos despertamos, dejamos las discusiones triviales y tomamos conciencia de lo que es importante.

Cuando atravesamos un zarandeo personal, nos ligamos más a Dios. Los lazos forjados en el sufrimiento son más difíciles de romper que los hechos en los buenos tiempos. En los buenos tiempos, solemos perder la presencia de Dios, porque estamos rodeados de muchos otros que nos expresan su apoyo y lealtad incondicional. Pero cuando estamos sufriendo, solo él permanece fiel, y fortalece los lazos de su amor.

Dios reconstruye

Una nota de advertencia: Cuando Dios sacuda un área de su vida, no trate de restaurarla. Permita que él restituya solo aquellas cosas que quiere establecer en su vida. Recuerde, él es el único que la zarandea.

Él está sacudiendo nuestros hogares para ver sobre qué están cimentados. Esta sacudida pondrá de manifiesto cualquier ídolo oculto en nuestra vida. Un ídolo es aquél a quien damos nuestra fuerza o de quien sacamos nuestra fuerza.

Si está recibiendo su afirmación, amor, autoestima, fortaleza y aceptación de cualquiera que no sea Dios, él la sacudirá. Dios no hace eso para desconcertarla; lo hace para que usted reciba su vida de él. Él sabe que, a la larga, todo lo demás lo desilusionará.

Después de ser zarandeadas, vemos nuestra condición con referencia a la verdad de Dios. Nos vemos a nosotras mismas en comparación con un estándar divino.

Cuando nos sujetamos a la verdad de Dios, somos libres. La libertad permanece si nos hacemos responsables y rendimos cuentas. No es la verdad que usted conoce, sino la que vive la que la hará libre. Para ser responsables, debemos ser obedientes.

No le daríamos tanta libertad a un hijo rebelde o desobediente como la que le daríamos a uno responsable y obediente. El desobediente usaría su libertad para rebelarse. Confundiría rebeldía con libertad. La rebelión no aporta a la libertad; trae ataduras. Solo por medio de la obediencia podremos encontrar verdadera libertad. A medida que el Espíritu Santo ministre la verdad en su corazón, recíbala y camine en ella. Deje que la Palabra de Dios se haga carne en su vida.

EXTRACTO DEL DIARIO

He colocado mi mano sobre ti. La misma mano que trae la unción también aplica presión. Por lo tanto, no resistas mi obra en ti. Es bueno refinar y fortalecer, cambiar y renovar. Haré una nueva cosa en ti; encenderé una nueva llama. Yo estoy preparando una vasija para esta llama, una lámpara para esta luz, una que no esté oscurecida y que no obstruya la luz. Yo te daré descanso, hija mía; no temas. Apóyate en mí al viajar juntos y velozmente a este nuevo lugar.

Las escrituras relacionadas con este extracto del diario son: Isaías 41:13; 43:19; Mateo 5:14-26; 11:28; 25:1-13; 2 Timoteo 2:21.

¿QUIÉN CONTROLA?

1. De acuerdo a la autora, Dios puede sacudir nuestra vida por alguno de los siguientes propósitos. Si zarandea la suya, ¿cuál de las siguientes piensa usted que puede ser la razón? Marque todas las que le resulten aplicables.

   ❑ Para sacarla de su zona de comodidad y falso sentido de seguridad.

   ❑ Para despertarla y captar su atención.

   ❑ Para cosechar el producto de las semillas plantadas en su vida, ya sean buenas o malas.

   ❑ Para quitar las obras muertas enraizadas en el orgullo.

   ❑ Para fortalecerla y llevarla a su cimiento: Jesucristo.

   ❑ Para traer unidad, ya sea entre usted y Dios o entre usted y los demás.

   ❑ Para quitar cualquier persona o cosa que haya tomado para usted el lugar de él como fuente de fortaleza, alegría, autoestima o amor.

2. ¿Está recibiendo su afirmación y autoestima de alguien distinto de Dios? ¿Cómo ha sido decepcionada por esa persona?

   _____

   _____

   _____

   _____

3. ¿La ha zarandeado Dios y ha quitado algo o a alguien de su vida para enseñarla a mirar hacia él como su recurso supremo? Describa cómo hizo él eso y cómo cambió su vida.

_____

_____

_____

_____

_____

4. Deje que el Espíritu Santo ministre a su corazón mientras usted evalúa la manera en que originalmente veía su vida y la forma en que está empezando a verla a la luz de la verdad de Dios. ¿Qué nuevas áreas de libertad siente usted cuando mira a su vida desde la perspectiva de Dios?

_____

_____

_____

_____

_____

Amado Señor:

Enséñame a comprender que sacudes las cosas temporales de mi vida para ayudarme a llegar a ser todo lo que has planeado para mí. Soy consciente de que este lugar incómodo es realmente la respuesta a mis oraciones y la clave para mi libertad. Ayúdame a dejar todo lo que no es tuyo en mi vida. Refíname y permite que camine en la libertad que viene de someterse completamente a tu voluntad y obedecerla. Amén.

SEGUNDA PARTE

EL FRUTO DEL TEMOR

Su verdadero ser no es la imagen que se refleja en su espejo.

Qué gran bendición ha sido su libro Sin control pero feliz para nosotros y nuestra congregación. Gracias por su sinceridad y candor al tratar esas cuestiones difíciles con el fin de que vivamos en la maravillosa presencia de Dios. Estamos dejando que él nos transforme cada día.

—Pastor J. L., California

CAPÍTULO SIETE

¡USTED NO ES LO QUE VE!

Cuando usted se mira en el espejo, ¿qué ve? Lo más probable es que, como la mayoría de las mujeres, haga —inmediatamente— una lista de defectos, fallas y arrugas salpicados por un par de virtudes. Su evaluación natural puede ser correcta, pero debe saber algo: lo que ve no es lo que usted es.

Usted es alguien que nadie ve; ni su esposo, ni sus amigos y ni siquiera sus padres. Su verdadero ser es invisible al escrutinio del ojo natural y, a menudo, es mal representada por sus acciones exteriores. Su verdadero ser no es la imagen que le saluda en el espejo. Nuestra imagen exterior jamás podrá reflejar fielmente nuestra naturaleza interior. Nuestra vida interior está oculta.

Un día, mientras evaluaba mi reflejo con actitud crítica, oí al Espíritu Santo que me preguntaba: "¿Qué ves?".

Le contesté inmediatamente: "Una madre agotada y estresada".

Él me recordó gentilmente: "Tú no eres lo que ves".

Al instante argüí, me acerqué más al espejo y dije: "Estoy cansada, estoy estresada, y ¡lo parezco!".

Otra vez oí: "No eres lo que ves".

Es cierto. Estaba cansada y estresada, pero eso no era lo que yo era: era lo que yo sentía. Mi reflejo era verdadero, pero no era la verdad. Mis sentimientos y condiciones están sujetos a cambios mientras que la verdad de Dios permanece inmutable y anclada a su Palabra. Yo soy espíritu, no cuerpo. Tengo cuerpo, pero no soy un cuerpo. Yo me estaba evaluando por lo que tenía, no por lo que era.

Una posición reveladora

Hace muchos años, disfruté de una carrera excepcional como promotora, representando a una importante línea de cosméticos. Además, me desempeñé como maquilladora de artistas de televisión durante los fines de semana. En representación de la línea cosmética de esa empresa, viajaba por ocho estados de la nación. Prácticamente, cada lunes por la mañana, abordaba un avión para visitar una nueva ciudad. Maquillaba mujeres durante la semana y regresaba a Dallas los viernes por la tarde. Era maravilloso. Me alojaba en los mejores hoteles, disfrutaba del servicio en la habitación, un baño de burbujas y pasaba casi tres horas todas las noches leyendo la Biblia. Lo mejor de todo era que pasaba mis días ayudando a que las mujeres se sintieran mejor consigo mismas.

Siempre había disfrutado de lidiar con cosméticos, pero más allá de eso, había desarrollado ese talento para ocultar mis propios defectos. Perdí mi ojo derecho por un cáncer a la edad de cinco años, por lo que el tamaño y la forma de mi ojo artificial diferían de mi ojo verdadero. Por lo tanto, durante mi adolescencia, jugaba con el maquillaje para hacer que ambos ojos parecieran iguales. Entonces usaba ese talento que desarrollé para beneficiar a otras mujeres.

Sin embargo, lo que más me intrigaba no tenía nada que ver con el maquillaje, sino lo que sucedía mientras les quitaba el maquillaje a las mujeres que retocaba.

Las mujeres venían confiadamente al mostrador para concertar sus citas. Planteaban varias preguntas, observaban a la persona a la que estaba maquillando y luego analizaban los productos y colores disponibles.

Al trabajar en cada nueva cliente, yo colocaba un bastidor, para darle privacidad, o la llevaba a un salón privado. Al limpiar su rostro, casi podía ver a cada mujer encogerse y mirar a todos lados con desconfianza, aunque estuviéramos solas. Se disculpaban por las cejas sin depilar, algunas imperfecciones de la piel o cualquier otra cosa. Muchas se mostraban temerosas y ansiosas. Se esforzaban por convencerme de que ellas no se veían de esa manera.

Yo le reaseguraba que era hermosa y le señalaba rápidamente sus aspectos positivos. "Tienes unos hermosos ojos" o "Qué hermoso es el contorno de tus labios", etc. A medida que aplicaba el maquillaje, la confianza de la mujer retornaba, capa a capa. Volvía a recobrar la confianza y me hacía preguntas, como por ejemplo: "¿Cómo lograste esto?" o "¿Dónde dejo de ponerme delineador?", etc. Pronto nos convertíamos en buenas amigas.

Las mujeres solían disculparse por su nerviosismo, entonces compraban una gran cantidad de maquillaje y productos para el cuidado de la piel, y se iban con una renovada confianza.

Me agradaba que una clienta se fuera feliz, pero me preocupaba que —como mujer— se sintiera tan vulnerable y carente de atractivo sin el maquillaje. Era casi como si yo hubiera descubierto algo de lo cual ella estaba avergonzada, algo que debería esconder: su rostro.

¿Quién define los estándares?

Es probable que usted se sienta así. ¡Quizá defienda su posición y argumente que a todas las mujeres les sucede eso! Quizás sea verdad, pero ¿deberían hacerlo? ¡Usted no es lo que ve!

Nos hemos comparado con un patrón de perfección: un estándar que no podemos alcanzar. El que encontramos en los negocios cuando vemos las portadas de las revistas de moda con mujeres espectaculares que casi se ven perfectas. Es el estándar fabricado (y realmente quiero decir fabricado) por Hollywood. Es un patrón definido por los que trabajan en cosas perecederas. Sus vidas enteras se enfocan en mantener una imagen o una apariencia.

Con este estándar, la juventud y la necedad son exaltados mientras que la edad y la sabiduría son despreciados. Eso es lo que se espera del mundo, pero no me estoy dirigiendo al mundo. Estoy hablando a la iglesia. Hemos permitido que el mundo fije el ritmo y la dirección de nuestro gusto. El sistema del mundo mide desde lo exterior mientras que Dios nos mide desde el interior hacia afuera. El mundo ama las apariencias y odia la verdad. Dios ama la verdad y odia las apariencias engañosas.

Vivir bajo la influencia

Las mujeres de Israel habían caído bajo la influencia de la cultura de su tiempo. Habían permitido que la cultura que las rodeaba les dictara la medida de ellas como mujeres. Se adornaban a la manera de los gentiles; cada accesorio estaba diseñado para atraer la atención.

> Asimismo dice Jehová: Por cuanto las hijas de Sion se ensoberbecen, y andan con cuello erguido y con ojos desvergonzados; cuando andan van danzando, y haciendo son con los pies; por tanto, el Señor raerá la cabeza de las hijas de Sion, y Jehová descubrirá sus vergüenzas.
>
> Aquel día quitará el Señor el atavío del calzado, las redecillas, las lunetas…
>
> —Isaías 3:16-18

Isaías continúa describiendo en detalle toda la bisutería que sería quitada, desde joyas y espejos portátiles, túnicas a ropa interior, pañuelos de cabeza a bolsos. ¿Le parece familiar? Luego, concluye:

> Y en lugar de los perfumes aromáticos vendrá hediondez; y cuerda en lugar de cinturón, y cabeza rapada en lugar de la compostura del cabello; en lugar de ropa de gala ceñimiento de cilicio, y quemadura en vez de hermosura.
>
> —Isaías 3:24

Al fin, la influencia de su cultura llevó a los israelitas a la esclavitud y el cautiverio. Perdieron toda la belleza que con gran sacrificio habían creado y todos los accesorios que habían usado para acentuarla.

Reinas en camello

Esas mujeres no se parecían en nada a Rebeca, que estaba sacando agua de un pozo cuando ganó un concurso de belleza y a su príncipe.

> Y la doncella era de aspecto muy hermoso, y virgen, a la que varón no había conocido; la cual descendió a la fuente, y llenó su cántaro, y se volvía.
>
> —Génesis 24:16

Rebeca no estaba adornada con atavíos costosos que llamaran la atención. ¿Con cuánto glamour podría usted acicalarse para sacar agua en el desierto? Su adorno eran las buenas obras. Se ocupaba de servir a su familia, y cuando se encontró con el extranjero le brindó hospitalidad.

Cuando ya el criado había bebido, ella le dijo: Voy también a sacar agua para que sus camellos beban todo lo que quieran. De inmediato, vació su cántaro en el bebedero, y volvió corriendo al pozo para buscar más agua, repitiendo la acción hasta que hubo suficiente agua para todos los camellos. Mientras tanto, el criado de Abraham la observaba en silencio, para ver si el Señor había coronado su viaje con el éxito. Cuando los camellos terminaron de beber, el criado tomó un anillo de oro que pesaba seis gramos, y se lo puso a la joven en la nariz; también le colocó en los brazos dos pulseras de oro que pesaban más de cien gramos.

—Génesis 24:19-22

Su servicio hizo que ganara sus adornos. Ella no había trabajado para obtener el pendiente ni las pulseras. Ni tenía idea de que los recibiría. Trabajó porque era una sierva.

De la misma manera, nuestras buenas obras nos atraen adornos, así como también la provisión de Dios. Es interesante notar que Rebeca recibió algunas de las cosas que luego fueron arrebatadas a las hijas de Sion. El problema no eran las joyas. El problema era el motivo. Las hijas de Sion eran demasiado orgullosas para servir. Gastaban su fuerza y su riqueza en adornarse y servirse a sí mismas, en vez de servir a otros. Cuando golpeó la calamidad, quedaron sin abrigo ni provisión.

Dios no está diciendo que arrojemos a la basura nuestro maquillaje y nuestra bisutería. Yo uso todo eso, pero no es la razón por la cual trabajo. Lo que importa es cómo gasta usted sus fuerzas y cómo mide su valor. ¿Qué es lo que usted permite que influencie su vida?

¿Se engalana interiormente con el mismo celo con que adorna lo exterior? Si somos sinceras, la mayoría de nosotras admitiría que no lo hacemos. Nos vestimos exteriormente, pero somos negligentes con lo interior. Otras personas visten lo externo para ocultar su condición interior:

> Dices: "Yo soy rico, y me he enriquecido, y de ninguna cosa tengo necesidad; y no sabes que tú eres un desventurado, miserable, pobre, ciego y desnudo".
>
> —Apocalipsis 3:17

Es necesario que dejemos de ocultar nuestra condición interior y permitamos que Dios nos sane. Él conoce nuestra verdadera situación, y, sin embargo, nos ama. Desenredémonos de lo superficial y abracemos lo sobrenatural. Es urgente que nos consagremos y nos separemos, no por rasgar nuestras vestiduras naturales, sino por rasgar el velo escondido de nuestro corazón.

> Rasgad vuestro corazón, y no vuestros vestidos, y convertíos a Jehová vuestro Dios; porque misericordioso es y clemente, tardo para la ira y grande en misericordia, y que se duele del castigo.
>
> —Joel 2:13

¿QUIÉN CONTROLA?

1. La autora afirma: "Usted es alguien que nadie ve; ni su esposo, ni sus amigos y ni siquiera sus padres. Su verdadero ser es invisible al escrutinio del ojo natural y, a menudo, es mal representada por sus acciones exteriores". Describa, en el siguiente cuadro, la diferencia entre lo que otros ven y su ser real.

Lo que otros ven	Mi ser real

2. Escriba, en el cuadro que sigue, las cosas que utiliza para realzar su apariencia exterior. Luego escriba las cosas que adornan su alma y su espíritu. (Lea 1 Pedro 3:3-6 para ver ejemplos). Piense cuáles son sus razones para hacer las cosas de cada lista. ¿Cuál de las listas tiene razones temporales y cuál tiene razones eternas?

Apariencia interna	Apariencia externa

3. Lea el Salmo 139:1-4 y dedique un momento a considerar sinceramente al más profundo, oscuro, feo secreto que guarda en su corazón. El Espíritu Santo, ¿le está revelando que es tiempo de destapar algunas cosas que usted ha enterrado durante largo tiempo? ¿Cuáles son?

_____

_____

_____

_____

_____

Amado Señor:

Dame el valor para enfrentar lo que soy realmente en mi interior. Ayúdame a aceptar mis imperfecciones y mis faltas, sabiendo que me amas incondicionalmente y estás esperando que deje todas las debilidades que trato de esconder para que tu fortaleza pueda perfeccionarse en mí. Cambia mis prioridades desde lo externo hacia lo interno. Te pido que me des tu perdón y sanes lo que es mentira bajo la superficie de mi vida. Gracias por el regalo de tu gracia. Amén.

Cuando nos despojamos de nuestros deseos y derechos, nos escondemos a nosotras mismas bajo las alas de la voluntad de Dios.

Quiero testificar el cambio de vida que experimenté la primera vez que oí hablar a Lisa Bevere, donde adquirí su libro Sin control pero feliz. La conferencia y el texto me permitieron ver que no había entregado el control absoluto de mi vida al Señor. Comprendo ahora que esas eran las razones por las que nunca sentía que había logrado la victoria total. El Señor está trabajando en mí cada día, empiezo a ver cambios positivos en mi vida, mi hogar, mi trabajo y la iglesia. ¡Gloria a Dios! Doy gracias al Señor por esta devota mujer que está edificando a otras y compartiendo sus bendiciones.

—L. R., Alabama

CAPÍTULO OCHO

HIJAS DEL DESIERTO

Cuando Dios se refiere al matrimonio, su referencia no se limita ni se define por nuestra frágil percepción cultural.

> Porque el que te hizo es tu esposo; su nombre es el Señor Todopoderoso.
> Tu Redentor es el Santo de Israel; ¡Dios de toda la tierra es su nombre!
> El Señor te llamará como a esposa abandonada; como a mujer angustiada de espíritu, como a esposa que se casó joven tan solo para ser rechazada —dice tu Dios—.
> Te abandoné por un instante, pero con profunda compasión volveré a unirme contigo.
>
> —Isaías 54:5-7

Soltero o casado, hombre o mujer, esta promesa establece un pacto para cada creyente. Dios se describe a sí mismo como el marido de una mujer infiel a quien abandonó en su enojo, para luego perdonarla, restaurarla y acercarla otra vez a sí.

Dios usó analogías vívidas y cargadas de emoción para describir su relación con su amado Israel. Pero esas analogías no solo describen a la nación de Israel, sino que se extienden a un Israel espiritual: los hijos de la promesa.

Nuestro pacto matrimonial

Esta relación se describe en el Nuevo Testamento con la siguiente comparación:

Por esto dejará el hombre a su padre y a su madre, y se unirá a su mujer, y los dos serán una sola carne. Grande es este misterio; mas yo digo esto respecto de Cristo y de la iglesia.

—Efesios 5:31-32

Si usted como creyente es parte de la iglesia, este es su pacto matrimonial. Estos principios, promesas y providencias se aplican a su vida. Están a la disposición del hombre o la mujer soltero o casado, judío o gentil. En Romanos, se ilustra la fuerza de este nuevo pacto.

Hermanos, les hablo como a quienes conocen la ley. ¿Acaso no saben que uno está sujeto a la ley solamente en vida? Por ejemplo, la casada está ligada por ley a su esposo solo mientras este vive; pero si su esposo muere, ella queda libre de la ley que la unía a su esposo. Por eso, si se casa con otro hombre mientras su esposo vive, se le considera adúltera. Pero si muere su esposo, ella queda libre de esa ley, y no es adúltera aunque se case con otro hombre.

Así mismo, hermanos míos, ustedes murieron a la ley mediante el cuerpo crucificado de Cristo, a fin de pertenecer al que fue levantado de entre los muertos. De este modo daremos fruto para Dios.

—Romanos 7:1-4

Nos pertenecemos el uno al otro. Nuestro viejo marido era la ley del pecado y de la muerte; nuestro nuevo marido es Cristo. Hemos muerto a lo viejo para poder ser libres de abrazar lo nuevo. Notemos que esta elevada explicación espiritual es ilustrada y explicada por una ley natural inferior. Esta aplicación de lo natural para explicar lo espiritual no niega las leyes de lo natural; las valida. El significado espiritual más profundo sostiene y apoya las leyes de la naturaleza.

Por lo tanto, reconocer a su Hacedor como su marido no niega la ley natural del matrimonio. Sobrepasa y rodea lo menor con la protección y provisión de lo mayor. El reconocimiento y aplicación de esta verdad nos brinda revelación sobre el matrimonio y su propósito: está divinamente arraigado en el compañerismo con Dios. Un hombre, Adán, y su esposa, Eva, se unen como uno con su Creador. Este es el plan sagrado de Dios.

He hablado en términos naturales para explicar lo sobrenatural. Más adelante me extenderé hablando del matrimonio natural. Por ahora quisiera seguir avanzando desde lo natural hacia lo espiritual.

Desde aquí en adelante, en este capítulo no me refiero a la situación natural de ser soltero o casado. Estoy hablando de la relación entre Dios y el creyente.

Si se lo permitimos, el Espíritu Santo revelará a Dios como nuestro Marido. Él es digno de nuestra confianza y su Palabra es digna de nuestra obediencia. Oro para que usted estudie las escrituras sugeridas en este capítulo como si las leyera por primera vez.

Eternamente bella

Dios usó a la mujer para describir a su Novia: su Iglesia. Por lo tanto, creo que las instrucciones de Dios para la mujer guardan claves para todos los creyentes.

Vuestro atavío no sea de peinados ostentosos, de adornos de oro o de vestidos lujosos, sino el interno, el del corazón, en el incorruptible ornato de un espíritu afable y apacible, que es de grande estima delante de Dios.

—1 Pedro 3:3-4

Observe que a Dios le resulta precioso cuando confiamos en él. Él ve la belleza interior que otros no pueden percibir. Ella nunca envejece, se desvanece ni se corrompe. Es atemporal y no tiene precio. Dios la atesora. Él guarda y protege lo que a sus ojos es precioso y valioso.

Porque así también se ataviaban en otro tiempo aquellas santas mujeres que esperaban en Dios, estando sujetas a sus maridos.

—1 Pedro 3:5

Somos hermoseadas con una belleza que no se marchita —eterna—, cuando nos sujetamos y adaptamos nuestra voluntad a la de Dios. Al entregarle nuestros deseos y derechos, nos escondemos bajo las alas de su voluntad. Aquí encontramos una aplicación de la imperecedera belleza de Dios:

Como Sara obedecía a Abraham, llamándole señor.

—1 Pedro 3:6a

Cuando Sara y Abraham pasaban por naciones extranjeras, Abraham temía por su seguridad a causa de la belleza de Sara. Era tan hermosa que cualquier rey la llevaría a sus harenes, aunque no fuera joven; tendría entre setenta y ochenta años. Abram le dijo a Sarai:

"Por favor, di que eres mi hermana, para que gracias a ti me vaya bien y me dejen con vida". Cuando Abram llegó a Egipto, los egipcios vieron que Saray era muy hermosa. También los funcionarios del faraón la vieron, y fueron a contarle al faraón lo hermosa que era. Entonces la llevaron al palacio real.

—Génesis 12:13-15

¿Qué pretendías conseguir con todo esto? Al reclamo de Abimélec, Abraham contestó:

—Yo pensé que en este lugar no había temor de Dios, y que por causa de mi esposa me matarían.

—Génesis 20:10-11

Dios protegió a Sara aun cuando su marido colocó su propia seguridad por sobre la de ella. Dios se movió en el ámbito sobrenatural para protegerla de los reyes que la habían llevado a sus harenes. Dios hizo eso porque ella era un tesoro precioso para él. Debemos seguir su ejemplo reconociendo y sujetándonos a la guía de Dios y su señorío sobre nosotras.

De la cual vosotras habéis venido a ser hijas, si hacéis el bien, sin temer ninguna amenaza .

—1 Pedro 3:6b

Sara no tuvo hijas naturales. Pero esta promesa afirma que podemos ser sus hijas verdaderas. Yo creo que somos hijas de la promesa, del pacto, hijas de una mujer libre, cuando nos comportamos como nuestra madre Sara. Eso significa que sabemos hacer lo recto, sin entregarnos a nuestros temores histéricos y sin permitir que la preocupación nos robe nuestra valentía.

Sara era una mujer libre. Fue estimada y honrada porque ella estimó y honró a Dios y a su esposo. Por otro lado, Agar era una mujer esclava, una cautiva que despreció a su ama, Sara. El vástago de Agar siguió el ejemplo de su madre, y se burló de Isaac. Sara comprendió que debía haber una separación entre los esclavos y los libres.

"Echa fuera a la esclava y a su hijo, porque el hijo de la esclava jamás tendrá parte en la herencia con el hijo de la libre".

—Gálatas 4:30

El hijo de la esclava no fue el único a quien se le negó compartir la herencia. También la mujer esclava fue dejada fuera de la herencia. Las dos mujeres, la libre y la esclava, tenían el mismo marido. Las dos tenían hijos, pero la relación de Sara con Abraham era muy diferente. Agar representaba la carne y sus ataduras. Sara representaba la libertad y la promesa. Gálatas lo describe de esta manera:

El de la esclava nació por decisión humana, pero el de la libre nació en cumplimiento de una promesa. Ese relato puede interpretarse en sentido figurado: estas mujeres representan dos pactos. Uno, que es Agar, procede del monte Sinaí y tiene hijos que nacen para ser esclavos. Agar representa el monte Sinaí en Arabia, y corresponde a la actual ciudad de Jerusalén, porque junto con sus hijos vive en esclavitud. Pero la Jerusalén celestial es libre, y esa es nuestra madre.

—Gálatas 4:23-26

Aquí está otra vez la promesa a los descendientes de Sara. La belleza de Sara era incorruptible, no solo cuando era joven, sino ¡también cuando era anciana! Ella es un modelo natural que prefigura la belleza eterna, inmarcesible, que encontramos en Cristo.

El régimen de belleza de Sara

Es obvio en esta narración que Sara fue una mujer de hermosura excepcional. Así que veamos en qué consistía su régimen de belleza.

1. Dejó todo cuanto le era cómodo y familiar
2. Siguió a su marido a una tierra extraña.
3. Vivió en una tienda de campaña en el desierto.
4. Confió en Dios y no temió ni se preocupó.

Esta no fue la vida de una reina mimada en un palacio. Fue una vida de constante transición y fe. Ella se arraigó (si se puede llamar "arraigarse" a vivir en una tienda de campaña) en cierto lugar por un tiempo, para luego viajar través del desierto a otro lugar. Ella siempre esperaba el cumplimiento de la promesa de Dios y confiaba en la guía de su esposo. Honraba y obedecía a su esposo, mientras él honraba y obedecía a Dios. No hay registro de que ella se quejara. Ella nunca miró atrás para ver lo que había dejado. Abraham, el padre de la fe, y su princesa, Sara, son un ejemplo y un modelo de Cristo y su esposa, la iglesia.

Nosotras estamos llamadas a adaptarnos a Cristo como dependientes de él y a ocupar posiciones secundarias. Él es nuestra Cabeza, y todos los creyentes están sujetos a su señorío, liderazgo y autoridad. Pero no tenemos razón para temer. Él es nuestro Hacedor-Marido. Él nos ha forjado con su amor.

En el próximo capítulo, quiero que veamos las aplicaciones naturales de estas verdades al pacto matrimonial.

¿QUIÉN CONTROLA?

1. Considere las veces en que usted fue desleal o infiel a Dios o a otros. ¿Cuál fue el resultado?

_____

_____

_____

2. Considere las veces en que otras personas no fueron el compañero (o compañera) o proveedor perfecto para usted. ¿Cómo hizo eso que se sintiera usted?

_____

_____

_____

3. Dios es el perfecto Marido que nunca la dejará ni la abandonará. ¿Cómo ha visto usted evidencia de esta fidelidad en su vida?

_____

_____

_____

4. Cuando un marido u otro proveedor no ha cumplido nuestras expectativas, nos enfocamos en nuestros deseos insatisfechos. ¿Hay cosas que usted ha deseado, o a las que siente que tiene derecho, que debe dejar a los pies de Dios? Haga una lista de ellas abajo y ofrézcalas a Dios mientras pronuncia la siguiente oración.

_____

_____

_____

_____

_____

Amado Señor:

Ayúdame a rendirme a la autoridad que tienes sobre mi vida. Tú eres mi cabeza, me sujeto a tu señorío. No tengo razón para temer porque sé que me amas y no has escatimado ni siquiera a tu propio Hijo para hacerme tu novia. Sé que puedo confiar en ti porque has prometido que no me dejarás ni me abandonarás. Amén.

Cuando sentimos que hemos perdido el control, tratamos de controlar cualquier cosa que tengamos a nuestro alcance.

Mientras estaba parada frente a una estantería en una pequeña librería cristiana, me encontré diciéndole a Dios: "Señor, tú sabes que no tengo mucho tiempo para leer. Ayúdame a encontrar un libro que transforme mi vida". Agarré Sin control pero feliz, y puedo decirle que mi vida cambió drásticamente después de leerlo. Pude ser libre en muchas áreas de mi vida... ¡especialmente en mi matrimonio! Creo, sinceramente, que es uno de los mejores que he leído en mi vida.

—D. W., Carolina del Sur

CAPÍTULO NUEVE

CONTROLAR Y ODIAR HACERLO

Era el año 1987, estaba estresada e intentaba desesperadamente ser una empleada profesional, madre perfecta y esposa ideal. Mi primogénito no había cumplido un año. Aún amamantaba, lo cual requería extraerme la leche en el trabajo y pasar mis horas de almuerzo en el hogar de la niñera. Yo era inflexible en cuanto a que toda la comida para el bebé fuera hecha con verduras y frutas orgánicas, naturales, así que le preparaba todo personalmente.

Mis exigentes horarios de trabajo se extendían incluso a los fines de semana. Enfrentaba desafíos tanto particulares como profesionales en la oficina. A través de todo eso, trataba de verme y actuar a la perfección. Me cuidaba de no traslucir que me estaba desmoronando bajo el peso de las presiones y las exigencias impuestas sobre mí. Para lograrlo, mantenía un rígido programa, por lo que pronto llegué a obsesionarme con el control.

Note que no mencioné a mi marido. La razón es que yo lo tenía en lo más bajo de mi lista de prioridades. Justificaba mi actitud razonando que él era un adulto y podía valerse por sí mismo. Al fin y al cabo, había otras áreas que exigían mi atención y pericia.

Sin embargo, había un motivo más profundo para mi falta de atención. John y yo habíamos aprendido a coexistir en nuestros mundos separados. Cuando esos mundos ocasionalmente chocaban, explotaban con enojo y palabras hirientes.

En ese tiempo, yo trabajaba más horas que John, y era la única responsable del cuidado de nuestro hijo. Sentía que él era indiferente e insensible a las necesidades y exigencias de mi vida. Creía que él no llevaba su carga. Le reprochaba, lo criticaba y lo tenía en menos en lo que parecía ser un inútil intento por cambiarlo.

John no era el hombre que es hoy. Él estaba en un incómodo tiempo de transición, decidido a encontrar y cumplir el propósito y designio de Dios para su vida. Esa búsqueda lo consumía; por tanto, dejaba de lado todo lo demás. Parecía que cuanto más buscaba hallar la dirección de Dios, más la eludía. John llegó a sentirse indeciso e inseguro de sí mismo. Esperaba tal o cual posibilidad, solo para desilusionarse.

Yo también estaba desilusionada y desanimada. Comencé a preguntarme si John podría llegar a oír algo de parte de Dios. Estaba cansada de trabajar a tiempo completo. Yo quería estar en casa con mi hijo, pero tenía miedo de renunciar al trabajo. En mi frustración, me resigné al cinismo y desarrollé la actitud de "ver para creer".

Cuando John me contaba entusiasmado lo que creía que Dios le había mostrado, yo suspiraba y ponía los ojos en blanco. *Otra vez con lo mismo*, pensaba. Comencé a emitir opiniones ligeras y descuidadas. Estaba bajo la errónea impresión de que Dios nos había unido, a John y a mí, porque yo era muy sabia (a mis propios ojos, por supuesto) y podría aconsejarlo a él. Veía como mi deber permanente compartir con él mi sabiduría y mi discernimiento, cosas cruciales.

Yo solía tener razón en mi evaluación, lo cual le comunicaba rápidamente a él. "¡Ves! ¡Te lo dije!", me jactaba. Pensaba que mi revelación haría que John se diera cuenta de la agudeza de mi consejo y eso lo acercaría más a mí. Pero tuvo exactamente el efecto contrario. Yo era la sabelotodo que hacía que John se sintiera fracasado.

Al percibir que su propia esposa no creía en él, se alejó de mí. Pronto tomó consejo fuera de nuestro matrimonio. Nos fuimos distanciando el uno del otro.

Yo continuaba trabajando a tiempo completo mientras que John lo hacía medio tiempo. Él oraba por horas, ayunaba, hablaba con sus amigos y jugaba al golf. Al mismo tiempo, yo estaba estresada y preocupada por los beneficios del seguro y nuestra provisión financiera. Me contrariaba su falta de participación. Le echaba la culpa por toda la presión que yo sentía. Mi empleador estaba despidiendo a muchos trabajadores, por lo que temía por mi puesto. La preocupación y el estrés comenzaron a ser un estilo de vida para mí.

El manejo de la crisis

El hecho es que, en realidad, nunca enfrentamos una crisis. Yo simplemente hacía planes y me preocupaba de antemano por las dificultades futuras. Pronto, mis temores y ansiedades me sobrepasaron. Quería que John sintiera algo de la presión que yo estaba experimentando.

Sin embargo, por mucho que intentara persuadir a John de que se preocupara conmigo, no lo hacía. Declaraba que Dios tenía todo bajo control. Yo estaba segura de que Dios no lo tenía. A mis ojos, yo mantenía todas las cosas juntas, y podía ver cómo se escapaban de mis manos. Mi respuesta fue el pánico. Estaba convencida de que John negaba la realidad.

—¿Y si pierdo mi empleo? —le insistía—. ¡No tenemos seguro social!

—¿Estás por perder tu empleo? —me preguntaba John.

—¡No! ¡Claro que no! —respondía—. Pero ¿si lo pierdo? ¿Tienes otro plan?

—Dios tendrá uno si eso llega a suceder —respondía John en calma—. Lisa, suelta todo eso y entrégaselo a Dios.

¡Jamás!, pensaba yo. *Si yo no cuido todo esto, no lograremos nada.*

Me sentía tan fuera de control que traté de controlar todo lo que estuviera a mi alcance. Asumí la responsabilidad de recordarle a John que hiciera todo. Lo acosaba para que sacara la basura, solo para encontrarlo sentado en la cocina cuando volvía del trabajo.

Yo sentía que era extremadamente importante ser responsable, lo que implicaba preocuparme por todo. Como John no estaba dispuesto a unirse a mí, me preocupaba por los dos. Estaba atormentada, porque medía nuestro futuro y nuestra seguridad económica en base a mi limitada aptitud para proveer.

A veces, mis temores se hacían tan extremos y reales que despertaba a John de un profundo sueño para informarle que yo estaba llevando una excesiva carga de preocupación. "Si solo prestaras atención a estas cosas, yo podría descansar", me quejaba. Pero él no aflojaba. Nuevamente me sugería que entregara mis cargas más pesadas a Dios y que volviera a dormirme. Pero no quería darle mis cargas a Dios. ¡Quería dárselas a John!

Tal como se ve, el razonamiento suena absurdo, pero me parecía muy lógico y sensato en ese momento. Mis temores imaginarios no eran menos reales que si me hubieran sucedido en realidad. Algunas de ustedes se reirán de mí, pero quizás otras se identifiquen con mi pánico frenético.

Renunciar al yugo

Preocupar es un verbo que significa "intranquilizar, ofuscar, angustiar, afligir". En verdad, yo estaba experimentando todo eso. Estaba atormentada y, a la vez, abrumada. La preocupación es incredulidad en acción y la incita el temor.

Yo estaba constantemente asediada por temores, tanto que la preocupación extinguía la Palabra de Dios en mi vida. Mi mente nunca descansaba, siempre estaba esperando cualquier crisis imaginable.

Es innecesario decir que desde hacía mucho tiempo yo no conocía ningún tipo de paz ni de descanso. La tensión era mi compañera perpetua; la queja y la recriminación eran mi principal forma de comunicación. Estaba físicamente agotada, pero no podía dormir. Aun en sueños luchaba contra mis temores y preocupaciones.

Pensé que lo único que necesitaba antes de ir a la cama era serenarme. Así que —recordando la publicidad de los productos Calgon— traté de lograr eso tomando un baño o una ducha con sales minerales antes de acostarme. Me sumergía en la bañera hasta que solo mi nariz sobresalía del agua. Así podía seguir respirando, sin ver ni oír nada. Pero ni bajo el agua se puede escapar de lo que está dentro de la mente. Otras noches me duchaba hasta que no salía más agua caliente, pero era en vano. No lograba escapar de las presiones internas y externas que pesaban sobre mí.

La tensión atenazaba mis hombros y mi cuello como un tirano. Experimentaba la desesperante frustración de sentirme responsable por algo que no tenía autoridad para cambiar. Mi carga era demasiado pesada, porque no era la que yo debía soportar.

Una noche, en la ducha, me quejé a Dios en vez de hacerlo con John en cuanto a mi pesada carga. Lloriqueaba tratando de explicar lo sobrecargada que me sentía, porque no podía entregar nada de lo que arrastraba a John. Después de todo, si él ni siquiera se acordaba de sacar la basura, ¿cómo podía confiarle cosas más importantes? Forcejeaba de un lado a otro con Dios, justificando por qué yo no podía ceder el hecho de controlar.

—Lisa, ¿crees que John es un buen líder? —me preguntó amablemente el Señor.

—¡No, no lo creo! —afirmé—. ¡No confío en él!

—Lisa, no tienes que confiar en John —replicó él—. Solo tienes que confiar en mí. No crees que John esté haciendo un buen trabajo como cabeza de este hogar. Tú sientes que lo puedes hacer mejor. La tensión y el malestar que estás experimentando se deben al peso y la presión de la función de cabeza del hogar. Para ti, es un yugo, pero para John es un manto. Deja el yugo, Lisa.

¡De inmediato, lo vi! El liderazgo de nuestro hogar era opresivo para mí porque no era la posición que debía ocupar. No sería opresivo para John, porque Dios lo había ungido como cabeza del hogar. Reconocí que había estado compitiendo y luchando por el liderazgo de nuestro hogar. Me di cuenta de cuán criticona y destructiva me había vuelto. Había echado abajo a mi marido en vez de fortalecerlo y creer en él. John, a su vez, me había cedido su posición de autoridad y yo había hecho un desorden con ella.

Quebrantada, cerré la ducha y agarré la toalla. Enseguida busqué a John en el dormitorio. Lloré y le pedí perdón por todos mis rezongos y mis quejas, prometiéndole solemnemente: "John, estaré detrás de ti y te apoyaré. Creo en ti".

En ese entonces, no estaba segura de qué era lo que estaba apoyando o creyendo. Solo sabía que John necesitaba ese apoyo más de lo que yo necesitaba conocer los detalles del cómo y el por qué. Reconocí que todo estaba tremendamente desordenado en nuestro hogar. Quería que Dios ordenara el caos que yo había creado. A su vez, John me pidió perdón por no haberme liderado y retraído conmigo. Hicimos un pacto de amarnos, sostenernos y fortalecernos el uno al otro.

Esa noche, pensé que casi moría a la esperanza de lograr mis sueños y necesidades, pero ya no me importaba. Por primera vez en años, dormí y encontré descanso. El yugo de mi cautiverio desapareció.

Yugos y mantos

Para comprender lo que había sucedido, es importante conocer el significado de yugo. El yugo simboliza la opresión debido a una pesada responsabilidad, obligación o pecado. Representa una carga tan grande que usted no puede escapar de ella, sino que ella lo controla. El que la lleva no tiene autoridad sobre ella; el yugo es el amo. Significa esclavitud o servidumbre. La frase "romper el yugo" quiere decir asegurarse la libertad.

Estamos bajo yugo de cautiverio cada vez que cargamos lo que Dios nunca quiso que cargáramos. Esto no se limita al matrimonio. A menudo, al ministrar a otros, puedo discernir cuando una persona está bajo opresión, depresión o temor. Más allá de reconocer los efectos externos, también puedo sentir el peso y la presión del yugo sobre sus hombros. En el espíritu, puedo ver a la persona agobiada con una carga demasiado pesada para que la lleve. La persona lucha y se esfuerza con la carga, pero el yugo siempre termina oprimiéndola. El yugo no es el que esa persona debe llevar. El principio no está limitado al matrimonio natural, sino que incluye toda carga que no deberíamos llevar.

Por otro lado, el manto representa protección, calidez, cobertura y posición. Fue diseñado para ser una vestimenta sin restricciones, una túnica sin mangas que se usaba sobre las otras vestimentas. Era lo suficientemente grande como para llevar y ocultar cosas por debajo. En la noche se usaba en la cama como un cobertor.

El detalle y la ornamentación de un manto representaban nivel y posición social. El manto de Samuel fue hecho por su madre como una miniatura de la vestimenta sacerdotal. El manto de José era de muchos colores, atraía la atención hacia su persona y lo exaltaba por sobre sus hermanos. Elías y Juan el

Bautista usaron mantos de piel de animal, lo que indicaba sus singulares y similares llamados proféticos.

El manto cubre nuestra desnudez, oculta nuestras faltas, carga las provisiones y anuncia nuestra autoridad o posición ante quienes nos rodean.

Yo había estado bajo yugo y John había perdido su manto. ¡Con razón estábamos en tal caos! Cuando me sujeté al orden establecido por Dios para el hogar, mi yugo fue destruido; y John fue revestido con el manto del liderazgo de Dios. Yo también quedé cubierta, porque el manto se abría para cubrirnos y protegernos a todas las personas que estábamos a cargo de John y a mí. Cuando estamos en la correcta sujeción a Cristo, somos cubiertas y envueltas en todo lo que su manto representa.

Este principio se aplica a todos: hombre o mujer, casados o solteros. Cristo es su sacerdote, protección y provisión. Atrévase a confiar en él y en la estructura de autoridad que él ha establecido. Él es nuestro marido y abogado ante el Padre.

Zona de construcción

Al principio, me resultó muy difícil entregar el control. Pero todos los sucesos del anterior año me hicieron percatar de que yo nunca había tenido, realmente, el control: solo había estado peleando con Dios por ese control.

Mientras analizaba el desorden que había creado, supe que ya no podía confiar más en mí misma. Era tiempo de dejar prevalecer la sabiduría de Dios. Era tiempo de reconstruir lo que había sido derribado.

La mujer sabia edifica su casa; la necia, con sus manos la destruye.

—Proverbios 14:1

Al tratar, neciamente, de forjar seguridad y organización con mis propias manos, sin darme cuenta había echado todo abajo. En mi necedad, había demolido el orden de Dios. "Si el Señor no edifica la casa, en vano se esfuerzan los albañiles" (Salmos 127:1). Era muy evidente que toda mi preocupación y ansiedad habían sido inútiles y destructivas tanto para mi matrimonio como para mi salud.

Cuando nos frustramos con el avance del proceso de Dios en nuestra vida o en la de quienes nos rodean, a menudo, decidimos intervenir. Pero en vez de construir, terminamos destruyendo las paredes protectoras que Dios ha provisto para nuestras relaciones. Esta demolición se efectúa mediante las embestidas de las críticas, la denigración, los rezongos y las quejas.

En mi desesperado intento por mantener todo en su lugar, vi cómo se escapaba todo de mis manos. Me aferraba y retenía, solo para abrir mis brazos y verlos vacíos. Agradezco mucho a Dios por haberme revelado mi necedad antes de que fuera demasiado tarde.

A menudo, tememos confiar en que Dios construya nuestro hogar. Por eso, agarramos nuestros propios planos y comenzamos a construir. Cuando nos encontramos con paredes inamovibles, cimientos defectuosos y recursos agotados, ¡clamamos pidiendo ayuda!

Quizás usted esté en tal situación. Dios está esperando. Él saldrá de las sombras donde ha estado mirando pacientemente su desesperado proyecto. Tenemos su misericordiosa afirmación de que su plan es el mejor. Su programa incluye proveer no solamente para nuestras necesidades, sino también para nuestros anhelos más profundos.

Cuando dejé de sentirme responsable de cambiar a John, me sentí libre para utilizar esa misma energía con el fin de amarlo. Pude volver a disfrutar de él. Estuve tan agradecida por la misericordia de Dios que pude perdonar rápidamente lo que yo consideraba faltas de John. Empecé a esperar lo bueno, no lo malo. Aunque ninguna de nuestras circunstancias exteriores cambió, las presiones se fueron. Yo continuaba trabajando a tiempo completo, pero ahora era diferente. Ya no me veía a mí misma como la proveedora, ni a John como el problema. Sabía que Dios era nuestra fuente y la respuesta.

John también estaba diferente. Era más estable y se veía más contento. Ya no sentía que debía ganarse mi respeto, porque ahora yo respetaba la posición que Dios le había dado en el hogar. A su vez, era más considerado. No era inusual que John ordenara la casa o que tuviera la cena lista cuando yo regresaba del trabajo. Hasta llegó a comprarme platos, un lavarropas y una secadora de ropa para darme una sorpresa.

Un nuevo hombre

Vi a mi marido pasar de ser joven a ser un hombre del Espíritu. Había una nueva audacia, decisión y autoridad en su vida. Dios contestó cada una de mis oraciones y excedió mis expectativas. Respeto a mi marido como hombre de Dios, no solo porque se me ordenó honrarlo y respetarlo, sino también porque particularmente creo con todo mi corazón que es un hombre de Dios. Yo misma, he experimentado una mayor paz, autoridad, protección y unción sobre mi vida desde que cedí el control y dejé atrás mi yugo. John es mi mejor amigo. Es mi compañero, un regalo de Dios.

Donde reinaba una confusión galopante, ahora reinaban la fe, la paz y el amor. Estábamos realmente contentos. Disfrutábamos el uno del otro y del precioso hijo que Dios nos había dado. Fue en esa atmósfera que vino la promoción para John. No hubo forcejeos ni luchas esa vez. Cuando Dios abre las puertas, todo es claro y obvio. Estábamos sorprendidos por la velocidad con que Dios puso todo en orden. Dios podía confiar en nosotros, porque estábamos de acuerdo. Los dos éramos uno. Quizás algunas de ustedes han estado orando para que su marido cambie. Entreguen esa carga a su Marido-Hacedor. Es una carga demasiada pesada para que la lleven ustedes.

El nuevo orden de Dios

Es importante recordar que somos la familia de Dios. Él es nuestro Padre y nosotros sus hijos. Antes de que existiera la iglesia como la conocemos, existía la familia. El plan de Dios para nuestros hogares es mejor que el nuestro: él provee protección, provisión, paz y placer. Es un buen plan porque él es un buen Dios.

Somos testigos de esa restauración en los hombres. Dios está volviendo sus corazones hacia él. Puesto que Dios es Padre, él les está recordando sus funciones como maridos y padres. Cuando Dios guía, quiere que los hombres lo sigan. Quiere que sean fuertes.

Por bastante tiempo, se culpó a la mujer por las debilidades de los hombres. La filosofía religiosa era: si las mujeres retroceden, los hombres serán fuertes. La verdad es que las mujeres débiles no hacen fuertes a los hombres. Dios hace fuertes a los hombres. Dios también hace fuertes a las mujeres. Dios no se propuso que las mujeres restauraran a sus hombres. Él los restaurará. Es importante que estemos en posición para recibir la bendición de este proceso.

Dios está preparando y comisionando a los hombres para guiar sus hogares como sacerdotes, no como señores. Ellos no serán los sacerdotes perfectos. Cometerán errores. Pero, ¿estamos listas para seguirlos? Dios está preparando un sacerdote para poner su casa en orden. Los está ungiendo con corazones apartados para él. Esta unción dará a los hombres un corazón para sus familias.

Esta es la respuesta a nuestras oraciones, pero, ¿estamos listas? Lo más probable es que Dios no lo haga de la manera que esperamos o pedimos que haga. Por un tiempo, puede ser incómodo o poco familiar, pero al fin traerá refrigerio y renovación. Dios se mostrará soberano y recibirá toda la gloria. Su plan producirá los deseos de nuestro corazón.

Un reino en transición

Encontramos tal transición en la historia de la nación de Israel. Dios había ungido a David para ser el rey en lugar de Saúl. Este se había apartado del consejo del Señor y Dios lo había rechazado como rey. Dios reemplazó a Saúl con David, un hombre conforme a su corazón.

David había sido unido a la casa de Saúl por su matrimonio con Mical, hija del monarca. David había ganado su mano cuando mató al gigante Goliat. Mical vendría a simbolizar el conflicto entre los reinos de Saúl y David.

Durante el reinado de Saúl, el arca del pacto no había sido restaurada al templo de Dios. Cuando David fue rey, llevó el arca de regreso a Jerusalén. En esa celebración, David se olvidó de sí mismo. Desbordado por la bondad y la misericordia de Dios, se quitó las vestiduras exteriores y bailó delante del Señor y todo Israel.

Sin embargo, no todos estaban contentos como David. Mical vio esa manifestación de adoración desde su ventana:

> Y cuando vio que el rey David estaba saltando y bailando delante del Señor, sintió por él un profundo desprecio.
>
> —2 Samuel 6:16

Mical no estaba lista para aceptar esa libertad. Ella erró al no advertir que era Dios quien había sacado a su padre y entronado a su marido. Ella quería aferrarse al viejo orden de la casa de su padre. Al final, ella era de la realeza, descendiente del primer rey de Israel. Envuelta en su orgullo, despreció la humildad con que se expuso David. Trató de humillarlo delante de sus ancianos.

> Cuando David volvió para bendecir a su familia, Mical, la hija de Saúl, le salió al encuentro y le reprochó: ¡Qué distinguido se ha visto hoy el rey de Israel, desnudándose como un cualquiera en presencia de las esclavas de sus oficiales!
>
> —2 Samuel 6:20

Aunque él era su esposo y el rey, ella no lo honró. Quizás resentía la libertad de David y ella se sentía muy atada.

Como suele ocurrir, David encontró que la mayor resistencia estaba dentro de su propia casa. Mical había esperado que el amor de David por ella le permitiría controlarlo. Pero el amor de David por Dios excedió cualquier deseo que tuviera de una posición honrosa en su hogar o su reino.

> David le respondió: Lo hice en presencia del Señor, quien en vez de escoger a tu padre o a cualquier otro de su familia, me escogió a mí y me hizo gobernante de Israel, que es el pueblo del Señor. De modo que seguiré bailando en presencia del Señor, y me rebajaré más todavía, hasta humillarme completamente. Sin embargo, esas mismas esclavas de quienes hablas me rendirán honores. Y Mical hija de Saúl murió sin haber tenido hijos.
>
> —2 Samuel 6:21-23

El plan de Mical fracasó. Ella había usado mal su posición cuando trató de manipular el amor que David le tenía. No solamente perdió el amor y el favor de su marido, sino también la oportunidad de tener hijos. Fue estéril el resto de su vida. Ella había perdido el corazón del hombre al que quiso controlar.

En cambio, David se negó a sí mismo la honra del hombre y el afecto de su mujer para abrazar la honra a Dios.

Esta tragedia contiene una importante lección. No debemos despreciar el liderazgo que Dios ha establecido en nuestra vida. No deberíamos burlarnos de los líderes que vienen a bendecirnos de una manera o con un método a los que no estamos acostumbrados. Quizás no adoren ni guíen de la manera que pensamos que deberían hacerlo. Recuerde, cuando Dios toma control de un líder, es para el beneficio y protección de todos los que están al cuidado de esa persona.

Este principio no se limita al matrimonio; representa la autoridad de Cristo y su iglesia. Simboliza la transición de lo viejo a lo nuevo, de controlar a dejar de hacerlo. La decisión es nuestra. ¿Elegiremos disfrutar las bendiciones de una renovación o nos burlaremos desde la orilla, amargados y estériles?

Traerlo al hogar

No limitemos este principio a la relación hombre-mujer. Esto se aplica a cualquier área en la cual enfrentemos la decisión de aferrarnos a lo viejo o seguir a lo nuevo. Se trata de dejar lo cómodo e ir tras lo inesperado.

Piense en su anterior año vivido. ¿Podría decir, como lo hice yo, que estuvo estresada? ¿Se está consumiendo por tratar de mantener el control de áreas que Dios nunca tuvo la intención que usted cargara? ¿Está encargada del control y detesta eso?

Pídale a Dios que le muestre la diferencia entre un yugo y un manto. Recuerde que el yugo la esclaviza al hacerla responsable de algo que no es responsabilidad suya y no está bajo su control. En cambio, el manto reposa sobre usted cuando opera en la autoridad y la unción que Dios le ha preparado.

Dios me enseñó este principio en el contexto de mi matrimonio, pero se aplica a mucho más que eso. Cualquier responsabilidad que asuma que Dios no haya dispuesto para usted, le impondrá un yugo. Pero cuando Dios le da un llamado que cumplir, su manto de unción la ayudará a realizarlo.

¿QUIÉN CONTROLA?

1. Eche una mirada a la siguiente lista de síntomas que la autora experimentó cuando trataba de tener el control de su vida. Marque las que se apliquen a usted y agregue alguna de su propia experiencia en el espacio disponible.
   - ❑ "Yo estaba constantemente asediada por temores".
   - ❑ "La preocupación extinguía la Palabra de Dios en mi vida".
   - ❑ "Mi mente nunca descansaba".
   - ❑ "Mi mente nunca descansaba, siempre estaba esperando cualquier crisis imaginable".
   - ❑ "Hacía mucho tiempo yo no conocía ningún tipo de paz ni de descanso".
   - ❑ "La tensión era mi compañera perpetua".
   - ❑ "La queja y la recriminación eran mi principal forma de comunicación".
   - ❑ Otros:

2. Lea Proverbios 14:1. ¿Ha considerado que su lucha por mantener el control de su casa puede, en realidad, estar perjudicándola? Ahora que se dio cuenta de eso, ¿cuáles son algunas de las áreas de su vida que necesita cambiar?

_____

_____

_____

_____

3. ¿Se está desgastando en el intento por seguir controlando áreas que nunca debió haber manejado? ¿Cuáles son?

_____

_____

_____

_____

4. Lea Mateo 11:28-30. ¿En qué se diferencia la carga que Jesús tiene para usted de la que usted está acarreando?

_____

_____

_____

_____

Dios:
Te pido que me muestres cualquier yugo que me esté perturbando. Ayúdame a dejarlo a un lado. Señor, muéstrame el llamado que tienes para mi vida en este momento. Pido el manto de unción que me ayudará a cumplirlo. Señor, ayúdame a reconstruir cualquier área que yo haya derribado por no seguirte. Amén.

El amor nos reta a dudar de lo que vemos y a creer en lo que no podemos.

Dios me envió a Lisa Bevere personalmente para elevarme y guiarme a un lugar más profundo con él. El temor ha sido reemplazado por la fe a través de su libro Sin control pero feliz.

—B. S., TEXAS

CAPÍTULO DIEZ

EL MIEDO: LA BATALLA POR SU MENTE

¿Por qué puede alguien despreciar el orden de Dios para su vida? ¿Por qué alguien sigue luchando para sujetar cuando realmente debería soltar? ¿Por qué busca retener y no cede el control? ¿Por qué? Porque tiene miedo.

El temor es una fuerza insidiosa. Hace que la razón y la sabiduría huyan de nosotros. Nos impulsa, nos induce y nos empuja al borde de la incredulidad. Para vencer el temor, debemos conocer su naturaleza. El temor no es un estado de la mente ni una actitud errónea. Es un espíritu.

> Pues Dios no nos ha dado un espíritu de temor, sino un espíritu de poder, de amor y de buen juicio.
> —2 Timoteo 1:7

El temor es un espíritu. No es de Dios. Es enviado por el enemigo para atormentar nuestra alma y corromper nuestro espíritu humano. El temor viene a robarnos el poder, el amor y el buen juicio. Como es una fuerza espiritual, el temor debe ser enfrentado en términos espirituales.

Batallar por el poder

El temor solo logra poder en la medida en que nos entregamos a su engaño. El temor roba nuestro poder al inducirnos a creer sus mentiras. Los temores imaginarios se hacen realidad si los creemos. Aun los temores más infundados pueden alterar el curso de nuestra vida y, a la vez, cambiar nuestro destino.

El destino de los hijos de Israel era la tierra prometida, pero olvidaron las promesas de Dios para aferrarse a sus temores. Depositaron su fe en esos temores. Al hacerlo, eligieron las mentiras del diablo por encima de la verdad de Dios.

Dios dijo:

> Así que he descendido para librarlos del poder de los egipcios y sacarlos de ese país, para llevarlos a una tierra buena y espaciosa, tierra donde abundan la leche y la miel ...
> Date cuenta, Israel, que yo envío mi ángel delante de ti, para que te proteja en el camino y te lleve al lugar que te he preparado.
> —Éxodo 3:8; 23:20

El temor dijo:

> No podremos combatir contra esa gente. ¡Son más fuertes que nosotros! Y comenzaron a esparcir entre los israelitas falsos rumores acerca de la tierra que habían explorado. Decían: La tierra que hemos explorado se traga a sus habitantes, y los hombres que allí vimos son enormes. Comparados con ellos, parecíamos langostas, y así nos veían ellos a nosotros.
> —Números 13:31-33

Ellos creyeron:

> ¿Para qué nos ha traído el Señor a esta tierra? ¿Para morir atravesados por la espada, y que nuestras esposas y nuestros niños se conviertan en botín de guerra? ¿No sería mejor que volviéramos a Egipto?
>
> —Números 14:3

Cuando eligieron la mentira del temor por encima de la verdad de Dios, renunciaron a su poder para poseer la tierra prometida que Dios ya les había dado. En vez de heredar las promesas, heredaron sus temores.

> Así que diles de parte mía: Juro por mí mismo, que haré que se les cumplan sus deseos. Los cadáveres de todos ustedes quedarán tirados en este desierto. Ninguno de los censados mayores de veinte años, que murmuraron contra mí, tomará posesión de la tierra que les prometí. Solo entrarán en ella Caleb hijo de Jefone y Josué hijo de Nun. También entrarán en la tierra los niños que ustedes dijeron que serían botín de guerra. Y serán ellos los que gocen de la tierra que ustedes rechazaron. Pero los cadáveres de todos ustedes quedarán tirados en este desierto. Durante cuarenta años los hijos de ustedes andarán errantes por el desierto. Cargarán con esta infidelidad, hasta que el último de ustedes caiga muerto en el desierto.
>
> —Números 14:28-33

Dios nunca planeó que una generación de israelitas muriera deambulando por el desierto. Su plan era rescatarlos de los egipcios y llevarlos, escoltados por un ángel, a la buena tierra.

El temor había torcido y pervertido su percepción espiritual sobre Dios de tal manera que los israelitas creyeron que él los había engañado. Creyeron que los había librado de la opresión egipcia para que fueran masacrados por las naciones paganas de Canaán.

Su lógica luce ridícula, ¿cierto? Sin embargo, ¿cuántas veces sucumbimos, sin darnos cuenta, a la misma clase de temores irrazonables? El temor hace que volvamos a la duda y la incredulidad. El temor va tras nuestra fe. Quiere que la depositemos en él y no en la promesa de Dios. Nuestra fe opera siempre, pero ¿obrará *a favor* de nosotras o *contra* nosotras?

La Biblia nos dice que Dios ha dado a cada uno una medida de fe (Romanos 12:3). Somos administradoras de esa fe. Dios quiere que la usemos para ser conformadas a la imagen de su Hijo. Pero el enemigo quiere usarla contra nosotras y conformarnos a una imagen diferente. No entregue el poder de la fe al enemigo de Dios.

Batallar por amor

El temor anda tras su amor, porque el enemigo sabe que el amor protege al creyente del temor.

> Y nosotros hemos llegado a saber y creer que Dios nos ama. Dios es amor. El que permanece en amor, permanece en Dios, y Dios en él. Ese amor se manifiesta plenamente entre nosotros para que en el día del juicio comparezcamos con toda confianza, porque en este mundo hemos vivido como vivió Jesús. En el amor, no hay temor, sino que el amor perfecto echa fuera el temor. El que teme espera el castigo, así que no ha sido perfeccionado en el amor.
>
> —1 Juan 4:16-18

No hay mayor protección a su alcance que vivir en el amor de Dios. Ahí estará escondida y será inaccesible al enemigo. El amor de Dios echa fuera el temor. Esta descripción nos confirma nuevamente que el temor es una fuerza espiritual que debe ser tratada espiritualmente. (Se nos encomendó echar fuera a los espíritus y negar nuestra carne. No podemos negar un espíritu y echar fuera la carne, aunque muchas lo hemos intentado). La propia naturaleza del amor se opone a la del temor. La naturaleza del amor está descrita en los siguientes versículos:

> El amor es paciente, es bondadoso. El amor no es envidioso ni jactancioso ni orgulloso. No se comporta con rudeza, no es egoísta, no se enoja fácilmente, no guarda rencor. El amor no se deleita en la maldad, sino que se regocija con la verdad. Todo lo disculpa, todo lo cree, todo lo espera, todo lo soporta.
>
> —1 Corintios 13:4-7

Podríamos recorrer la lista anterior e insertar los atributos opuestos al temor. El temor es impaciente, malicioso, celoso, jactancioso, orgulloso, torpe, egoísta y se enoja fácilmente. El temor lleva un registro de las equivocaciones. Se deleita cuando sucede lo malo que ha pronosticado. Nunca protege, confía, espera ni persevera.

El temor es lo opuesto al amor. El amor y el temor operan desde la creencia en lo invisible. El amor nos desafía a dudar de lo que vemos y a creer en lo que no podemos. El temor nos urge a creer lo visible y dudar de lo invisible. El temor desplaza al amor y el amor echa fuera al temor. El temor es la fuerza espiritual que está en directa oposición al amor y protección de Dios en nuestra vida.

Jesús ya conquistó el mayor temor que cualquiera de nosotras pueda enfrentar: el temor a la muerte. Como nuestro Sumo Sacerdote, él fue movido a compasión por nuestras debilidades y comprendió no solo nuestro temor a la muerte, sino todos nuestros temores. Al enfrentar victoriosamente nuestro mayor temor (la muerte), él conquistó todos los temores menores y sus ataduras.

Por tanto, ya que ellos son de carne y hueso, él también compartió esa naturaleza humana para anular, mediante la muerte, al que tiene el dominio de la muerte —es decir, al diablo— y librar a todos los que por temor a la muerte estaban sometidos a esclavitud durante toda la vida.

—Hebreos 2:14-15

El temor la tendrá en esclavitud si usted se lo permite. Jesús triunfó sobre cada atadura del temor cuando entregó su vida en la cruz.

Nadie tiene mayor amor que este, que uno ponga su vida por sus amigos.

—Juan 15:13

Jesús dio su vida por amor a nosotros. Jesús conquistó el temor que había dominado a Adán. El temor a la muerte gobernó desde la transgresión de Adán en el jardín. Fue el deseo de Adán de ser como Dios lo que hizo que pecara.

Temor en el jardín

Dios advirtió cuidadosamente a Adán cuando le ordenó al hombre:

Pero del árbol del conocimiento del bien y del mal no deberás comer. El día que de él comas, ciertamente morirás.

—Génesis 2:17

El conocimiento del bien y del mal es la ley del pecado y la muerte. El Señor quería que Adán permaneciera en la libertad de su conocimiento de Dios. Adán había logrado ese conocimiento al amar y tener comunión con Dios. No necesitaba el conocimiento del bien y del mal para caminar con él. Ya estaba caminando con Dios. Satanás no quería que Adán y Eva permanecieran libres y vivos bajo esa ley de la libertad, así que pervirtió la advertencia protectora de Dios.

Pero la serpiente le dijo a la mujer: ¡No es cierto, no van a morir! Dios sabe muy bien que, cuando coman de ese árbol, se les abrirán los ojos y llegarán a ser como Dios, conocedores del bien y del mal.

—Génesis 3:4-5

Adán sabía que Dios era vida y que en él no había oscuridad ni muerte. Satanás hacía que aquello luciera como si Dios estuviera engañando intencionalmente a Adán para evitar que llegara a ser como él. Lo que Satanás hizo tenía doble motivo; primero, menoscabó a Dios, al cuestionar su verdad y sus motivos; segundo, apeló al deseo de Adán de ser como Dios, pero sin estar sujeto a él. Su mensaje subyacente era: "¿Por qué tienes que creer y obedecer a Dios? Él no piensa en tus mejores intereses. Sé tu propio señor".

Adán y Eva creyeron ese engaño. Comieron de la fruta esperando que les diera la sabiduría necesaria para ser sus propios amos. Razonaron que cuanto más se parecieran a Dios, menos tendrían que sujetarse a él.

Sin embargo, ahora, ¿eran *más* como Dios? Examinemos la primera respuesta de Adán tras comer la fruta.

> Escuché que andabas por el jardín, y tuve miedo, porque estoy desnudo. Por eso, me escondí.
>
> —Génesis 3:10

Si Adán y Eva se habían hecho más como Dios, ¿por qué entonces le tenían más miedo y se escondieron de su presencia? El temor distorsionó la percepción de Dios que Adán tenía. Llegó a tener miedo del mismo que lo había formado y que le había dado aliento de vida. Adán tuvo temor de su creador, porque había transgredido el mandamiento de Dios.

El amor perfecto y el temor no pueden habitar juntos; por eso, Adán tuvo que salir del jardín de Dios. El temor al juicio siempre estará entre usted y la presencia de Dios.

La transgresión de Adán lo puso bajo la ley del pecado y la muerte. Adán eligió el conocimiento de lo bueno y lo malo (la ley) antes que el conocimiento de Dios (una relación de amor por el Espíritu). Adán quería ser como Dios, pero apartándose de él. Adán trató de igualarse a Dios.

El segundo Adán, Jesús, fue Dios y se hizo hombre. Él es nuestro ejemplo:

> La actitud de ustedes debe ser como la de Cristo Jesús, quien, siendo por naturaleza Dios, no consideró el ser igual a Dios como algo a qué aferrarse. Y al manifestarse como hombre, se humilló a sí mismo y se hizo obediente hasta la muerte, ¡y muerte de cruz!
>
> —Filipenses 2:5-6, 8

Jesús vivió bajo el gobierno y dominio de Dios, su Padre. No se gobernó a sí mismo. Rehusó moverse independientemente de

Dios. Él disfrutaba obedecer a Dios (Juan 4:34). Por medio de la obediencia, Jesús revirtió la ley del pecado y la muerte, así como también el dominio de esta por el temor.

> Pues por medio de él la ley del Espíritu de vida me ha liberado de la ley del pecado y de la muerte.
>
> —Romanos 8:2

Por lo tanto, somos gobernados por el Espíritu y no por la ley. El temor no puede batallar en un corazón sujeto y dirigido por el amor de Dios.

Ahora veremos por qué el temor ataca la cordura de nuestra mente.

Una mente íntegra

Como el temor es una fuerza espiritual amorfa —digamos que— debe habitar algo para tener cuerpo, y así lograr expresarse. Intenta habitar en las fortalezas de la mente. Por eso, la batalla del temor se libra en nuestra mente.

Una de las estrategias de Satanás es atormentarnos con preguntas. Satanás cuestionó a Eva si Dios realmente quería decir lo que había dicho. Estaba tratando de menoscabar a Dios y hacerlo parecer mentiroso.

El temor se comporta de la misma manera. Siempre está cuestionando, distorsionando y minando lo que Dios ha dicho. *¿Cómo sabes que Dios hará lo que dijo? Quizás lo malentendiste. ¿Realmente Dios quiso decir esto o aquello? Esta promesa no es para ti.*

El temor quiere que usted ponga en duda la integridad de la Palabra de Dios. Dios ha exaltado su Palabra por sobre su nombre (Salmos 138:2) de modo que cuando dudamos de su Palabra, poner en tela de juicio todo lo que él es. El temor quiere que dudemos de la bondad, la misericordia, la fidelidad, la santidad, el poder, la gloria y todo lo que hace que él sea Dios. El temor tratará de distorsionar la naturaleza y los motivos de Dios, al torcer su Palabra. Eso hará que dudemos de Dios, porque nadie confía ni cree en alguien de quien duda.

El temor quiere convencernos de que Dios no quiso decir lo que decía. Al menoscabar el carácter de Dios y distorsionar sus palabras, el temor trae confusión, la cual usa para atormentarnos. La confusión ataca el buen juicio o integridad de nuestras mentes.

La confusión divide nuestra lealtad entre Dios y una misma. Eso nos deja con una mente fragmentada. Santiago 1:6-8 describe con certeza esta confusión:

> Pero pida con fe, no dudando nada; porque el que duda es semejante a la onda del mar, que es arrastrada por el viento y echada de una parte a otra. No piense, pues, quien tal haga, que recibirá cosa alguna del Señor. El hombre de doble ánimo es inconstante en todos sus caminos.
>
> —Santiago 1:6-8

Cuando estamos confundidas, somos inestables. La inestabilidad hace que la persona dude y vacile, no solo en un área, sino en todo lo que hace. Santiago dice que si dudamos, no deberíamos pensar que recibiremos algo del Señor. El apóstol hace este comentario al pedir sabiduría. O sea, cuando perdemos el buen juicio o la integridad de nuestra mente, perdemos la guía de Dios. Surge la inseguridad. No sabemos qué esperar de Dios, así que tomamos el asunto en nuestras propias manos.

El temor se burla y hace que una piense cosas como: *¿Qué sucederá si te sueltas? ¿Quién cuidará de ti?* El temor atormenta (1 Juan 4:18) porque nos lleva a cuestionar: *¿Qué me irá a* *pasar?* Tal cuestionamiento distrae nuestra atención de Dios y la vuelve hacia nosotras mismas. El temor nos alienta a salvaguardar nuestro bienestar. Quiere que nos autopreservemos.

La *auto*preservación requiere que seamos egocéntricas, interesadas, egoístas, obstinadas y autogobernadas. Estos atributos se oponen directamente a las instrucciones de Dios para nuestra vida, con lo que eliminan la protección de Dios. El enemigo quiere que funcionemos en el imperio del yo. En este reino, el yo gobierna. Por lo tanto, el yo es nuestro dios.

Cómo contraatacar

Ahora que hemos visto cómo ataca el temor en las esferas del poder, el amor y el buen juicio, veremos cómo podemos batallar contra las fortalezas del temor.

El autor Francis Frangipane describe la fortaleza de nuestra mente como una "casa de pensamientos". Las fortalezas del temor suelen construirse sobre las mentiras del enemigo, las consecuencias de las heridas, y los maltratos y abusos del pasado. Esos remanentes de ofensas sufridas se unen y se usan con el fin de edificar muros para protegernos de los que tememos que nos hieran. El temor, en lugar de la fe, establece los patrones de pensamiento mediante los cuales se procesa toda la información. Cada pensamiento es conformado a la imagen del temor y la incredulidad.

Nuestro razonamiento es distorsionado y la cordura de nuestra mente es trastornada. Eso explica que al decirle algo a una persona atormentada por el temor, oiga otra cosa totalmente diferente. Se oyen las palabras, pero el significado es distorsionado. A causa de eso Dios dice: "Por mucho que oigan, no entenderán" (Hechos 28:26). Ellos oyeron, pero a causa de la incredulidad no pudieron comprender el significado de lo que habían oído.

> Las armas con que luchamos no son del mundo, sino que tienen el poder divino para derribar fortalezas. Destruimos argumentos y toda altivez que se levanta contra el conocimiento de Dios, y llevamos cautivo todo pensamiento para que se someta a Cristo.
>
> —2 Corintios 10:4-5

Dios quiere que esas fortalezas sean destruidas. Notemos que esos argumentos y pretensiones se levantan contra o en oposición al conocimiento de Dios. Recuerde, la batalla es en nuestra mente. El enemigo quiere colocar al yo en oposición al conocimiento de Dios. Para combatir eso, Dios quiere que cada pensamiento que lucha contra nuestra mente sea tomado cautivo y conformado a la imagen de Cristo (2 Corintios 10:5). Eso significa que debemos capturar los mensajes de temor e incredulidad y sujetarlos a la verdad de la Palabra de Dios. Jesús es el Verbo hecho carne, de modo tal que si sujetamos nuestros pensamientos a la Palabra, los sujetamos a Cristo (Juan 1:1-3, 14).

No debemos llevar nuestros pensamientos cautivos a la ley; la Biblia dice que debemos llevarlos a la obediencia a Cristo. La ley no tiene poder para destruir esas fortalezas. De hecho, la ley colabora en su edificación.

> En otro tiempo, yo tenía vida aparte de la ley; pero cuando vino el mandamiento, cobró vida el pecado y yo morí. Se me hizo evidente que el mismo mandamiento que debía haberme dado vida me llevó a la muerte; porque el pecado se aprovechó del mandamiento, me engañó, y por medio de él me mató.
>
> —Romanos 7:9-11

En efecto, la ley no pudo liberarnos porque la naturaleza pecaminosa anuló su poder; por eso Dios envió a su propio Hijo en condición semejante a nuestra condición de pecadores, para que se ofreciera en sacrificio por el pecado. Así condenó Dios al pecado en la naturaleza humana ... Y ustedes no recibieron un espíritu que de nuevo los esclavice al miedo, sino el Espíritu que los adopta como hijos y les permite clamar: "¡Abba! ¡Padre!".

—Romanos 8:3, 15

Morimos al gobierno de la ley del pecado y la muerte cuando fuimos crucificadas con Cristo. En ese momento, recibimos el espíritu de filiación. En lugar de que el yo nos gobierne, Cristo pasa a ser nuestro rey. Por lo tanto, estamos sujetas a él.

Bajo la ley fuimos creadas a la imagen de nuestro padre natural, Adán. Pero en la nueva ley de la vida en Cristo Jesús, se nos concede la gracia de ser hijas de nuestro Padre Dios.

Renueve su mente

Como estamos bajo una agresiva arremetida de nuestro enemigo, también debemos ser activas en la protección de nuestra mente. Debemos guardarla de manera diligente. Esto se hace al renovar nuestra mente por medio de la Palabra de Dios.

No se amolden al mundo actual, sino sean transformados mediante la renovación de su mente. Así podrán comprobar cuál es la voluntad de Dios, buena, agradable y perfecta.

—Romanos 12:2

El temor siempre esparce dudas con respecto al conocimiento de la voluntad de Dios, pero podemos conocer esa voluntad divina a través de la transformación de nuestra mente. Si somos capaces de conocer su voluntad, buena, agradable y perfecta, no tendremos temor de sujetarnos a ella.

> La mentalidad pecaminosa es muerte, mientras que la mentalidad que proviene del Espíritu es vida y paz.
>
> —Romanos 8:6

Dios quiere que nuestra mente sea controlada por su Espíritu, no por el espíritu de temor. El temor nos mantiene en un estado de inquietud y confusión constantes. El temor no quiere que vivamos la paz. Observe que la mente pecaminosa e incrédula lleva a la muerte, mientras que el Espíritu de Dios nos lleva por la senda de vida y paz.

> Tu guardarás en completa paz a aquel cuyo pensamiento en ti persevera; porque en ti ha confiado.
>
> —Isaías 26:3

Dios hará esto porque confiamos en él y decidimos creer lo que él quiso decir. Experimentamos paz cuando elegimos su fidelidad por encima del temor.

Renovar nuestra mente es más que el simple conocimiento de las Escrituras. Es confiar en su bondad y su fidelidad aun cuando no comprendamos cómo se cumplirá su Palabra en nuestra vida. Al creer en lo que no vemos ni entendemos, combinamos su Palabra con la fe. Esta es la única manera en que la Palabra de Dios llegue a hacerse viva y eficaz en nosotras.

> Porque también a nosotros se nos ha anunciado la buena nueva como a ellos; pero no les aprovechó el oír la palabra, por no ir acompañada de fe en los que la oyeron.
>
> —Hebreos 4:2

El conocimiento de Dios no tenía valor para los hijos de Israel mientras deambulaban por el desierto, aunque estaban acompañados de día y de noche por su presencia, mediante una nube de día y una columna de fuego de noche. Se nos advierte que lo mismo nos puede suceder si no tenemos cuidado.

Para heredar la promesa de la vida eterna de Dios, Jesús extendió la siguiente instrucción:

> Ama al Señor tu Dios con todo tu corazón, con toda tu alma y con toda tu mente.
>
> —Mateo 22:37

En los siguientes tres capítulos, expondremos algunos frutos específicos del temor: enojo, murmuración y abandono propio. Aprenderemos a identificar la naturaleza y el motivo que yacen tras cada fruto para que podamos eliminar su influencia en nuestra vida.

¿QUIÉN CONTROLA?

1. Dedique un momento a sacar a la luz los temores (reales e imaginarios) que puedan haber estado ocultos en su corazón. Pida al Espíritu Santo que se los revele. Anótelos abajo.

_____

_____

_____

_____

_____

2. La Biblia afirma que "el perfecto amor echa fuera el temor" (1 Juan 4.18). Use la concordancia de su Biblia para buscar algunos pasajes acerca del amor de Dios. Anote en los renglones que siguen la referencia de un versículo sobre el amor de Dios por cada temor de la lista que hizo arriba.

_____

_____

_____

_____

3. Reflexione en una época en que el temor haya controlado su reacción ante una situación dada. ¿Cómo podría haber producido, el amor, un resultado diferente?

_____

_____

_____

4. ¿Está usted actualmente atravesando una situación cuyo resultado no conoce? Su actitud, ¿se basa en la Palabra de Dios? Si no es así, use los versículos que anotó arriba para describir cómo va a hacer para confiar en que Dios le será fiel en esa situación.

_____

_____

_____

Amado Señor:

   Gracias porque tú ya has vencido el temor y me has dado autoridad para derribar las fortalezas del temor en mi mente. Ayúdame a discernir las mentiras del enemigo, las que tratan de hacer que dude la verdad de tu Palabra. Ayúdame a llevar todos mis pensamientos y someterlos al control de tu Espíritu Santo, para que pueda experimentar el perfecto amor de Cristo, que echa afuera todo temor. Amén.

Mientras justifiquemos nuestro enojo o demos excusas por ello, nos mantendremos cautivas.

Mi esposo y yo habíamos estado ministrando a una pareja cuyo matrimonio estaba destrozado. Supe que el Señor podía usar a Lisa para hacer un avance decisivo. Mi amiga leyó Sin control pero feliz. El Señor usó ese texto para conmover el corazón de ella. Pude ver el corazón de mi amiga ser suavizado y literalmente transformado mientras captaba lo que Lisa compartía. Ella me dijo: "No puedo esperar a llegar a casa. Necesito arrepentirme ante mi esposo y pedirle perdón. En realidad, nunca lo perdoné. He estado prisionera de mi amargura, ¡y ya es demasiado!". Gracias, Lisa, por su fidelidad. Esta pareja y sus hijos tienen una vida restaurada. Su matrimonio se renovó.

—P. D., VERMONT

CAPÍTULO ONCE

ESCAPAR DE LA IRA

¡Qué puedo hacer! ¡Yo soy así!". No sé cuántas veces usé esas frases, pero sí sé lo que me motivaba. Usaba esas afirmaciones para justificar mi enojo. Mis excusas cubrían una variedad de temas:

- Soy de ascendencia siciliana, indígena apache, francesa e inglesa.
- Estoy por menstruar.
- Estoy menstruando.
- Estoy embarazada.
- Estoy en posparto.
- Me criaron así.
- Estoy trabajando a tiempo completo y cuidando un bebé.
- Estoy atrapada en casa con niños pequeños.
- ¡Estoy sufriendo un ataque espiritual! (Este era particularmente útil, ya que me absolvía de toda responsabilidad.)

Y la lista continuaba. Pero la verdad era que yo tenía un problema con la ira. En el fondo, lo sabía, pero no hacía lo necesario para enfrentarlo. Estaba segura de que podía controlar mi enojo, siempre y cuando mis circunstancias y todos los que me rodeaban cooperaran ¡siendo perfectos!

Mis circunstancias, sin embargo, aquellas que especialmente involucraban a mi esposo e hijos, no estaban cooperando. Era imposible que alguien fuera perfecto, por lo que sus fallas —humanas al fin— servían para magnificar y evidenciar las mías. Si la tensión aumentaba y era presionada, lo que había bajo mi superficie saltaba a la vista. Me consumía de ira y hería a quienes más amaba.

Al principio, eran explosiones ocasionales, quizás una cada tres meses. Pero eso se convirtió en un estilo de vida. Por extraño que parezca, la intensificación de mi enojo parecía ser el resultado de mis propias oraciones.

Una sorprendente respuesta a la oración

En el día de Año Nuevo de 1987, clamé y lloré delante del Señor. Le rogué que tomara su carbón y que limpiara mis labios. Declaré que deseaba el fuego "consumidor" con todo mi corazón. Había anhelado tener una visión o un sueño, en que un ángel me visitara con un carbón del trono celestial. Pero Dios tenía otro proceso, totalmente diferente, para contestar mi oración.

En realidad, oraba con mucho fariseísmo y orgullo religioso. Me juzgaba por mis intenciones y me excusaba por mis acciones. Pero conceptuaba a todos los demás por sus acciones y hasta me atrevía a suponer que conocía sus motivos. Yo era pura, a mis propios ojos, y criticaba todo lo demás.

Acababa de dejar Dallas y todo lo que me era cómodo y familiar, para que mi esposo se desempeñara como pastor. Me sentaba con petulancia en la primera fila de la iglesia y asentía con la cabeza todo lo que él hacía. A mis propios ojos, estábamos triunfando.

Razonaba que Dios me había dado esa posición, como esposa de pastor, porque aprobaba mi vida. Estaba conforme conmigo tal como era. Dudaba que él pudiera encontrar en mí mucho más que debiera cambiar. Mi oración no nacía de mi quebrantamiento, sino de mi orgullo.

Sin embargo, estaba tristemente errada. Me equivocaba al creer que la posición o promoción eran señales de que Dios aprobaba mi vida. Me equivocaba al pensar que tenía pocas cosas torcidas que necesitaba cambiar. Erraba al pensar que mis pequeños sacrificios me habían hecho ganar el favor o la justificación.

Al mes de orar de esa manera, me encontré a mí misma más enojada que antes. Sin razón aparente, me despertaba en la mañana con todas las señales de un volcán interior. Todo cuanto podía sentir eran indicios. Solía advertirle a mi marido: "Más te vale no presionarme hoy". John ponía los ojos en blanco, desafiaba mi anuncio y osaba preguntar qué era lo que me molestaba. Eso me frustraba todavía más, porque yo nunca estaba completamente segura en cuanto a por qué despertaba con los nervios de punta. Así que usualmente terminaba culpando a algo nebuloso o demasiado ambiguo como para resolverlo o tratarlo. John se daba cuenta de que hablar conmigo sería perder el tiempo, así que me esquivaba durante el día.

Luego, mi jornada proseguiría llena de las interrupciones y frustraciones usuales. Pero hasta los días normales se hacían insoportables. Yo cerraba a golpes las alacenas y las puertas, jadeaba y resoplaba por la casa como una máquina de vapor. Fulminaba con la mirada a quien se atreviera a contradecirme en lo más mínimo.

Cualquier cosa que John hiciera o dijera —inevitablemente— me hacía saltar, por lo que estallaba en una estampida arrasadora. Le decía a mi esposo toda clase de improperios, cosas que luego lamentaba. Razonaba que ya le había advertido que me dejara sola. No era mi culpa, se lo había anticipado. Yo creía que estaba bajo el ataque demoníaco de un espíritu de ira y, por lo tanto, no era responsable de mis acciones.

Un sábado en particular, me desperté con otro estruendoso arranque de ira y —a medida que la mañana avanzaba— las cosas fueron de mal en peor. Resoplaba por toda la casa y enrostré verbalmente a John la mayoría de mis penurias. Llegué al colmo del descaro cuando estaba en el lavadero vaciando la secadora de ropa. John me oyó cerrarlo de un portazo y corrió para encontrarme frente al canasto de ropa. Para mi sorpresa, me alzó tiernamente, me llevó al garaje, agarró la llave y me dejó afuera de la casa.

Desde adentro, me informó: "¡No vas a dañar nada de esta casa con tus arrebatos!".

La puerta del garaje estaba abierta, por lo que yo no corría ningún peligro, pero estaba furiosa porque John me había encerrado allí como un gato o un perro. Así que le exigí que me abriera la puerta de la casa.

—¡No! —dijo John.

—Iré a pedir ayuda a los vecinos —amenacé.

—Adelante —respondió John.

Yo estaba cada vez más frustrada, por lo que decidí que debía romper algo para sentirme mejor. Agarré un martillo y comencé a buscar algo. Quería asegurarme de no romper nada que fuera a lamentar cuando se me pasara el enojo.

Nos habíamos mudado hacía poco tiempo y el garaje estaba lleno de cajas. Después de buscar por casi quince minutos, encontré a mi víctima en una esquina: una parrillera para asar carne. Alcé mi martillo y le abollé la tapa.

Cuando retrocedí para observar el destrozo, escuché en mi espíritu estas palabras: "Esto no es un espíritu de ira. Estás en pleno control de ti misma".

El comentario me estremeció. Así que toqué la puerta y le dije a John: "Ya terminó mi pataleta. ¿Podrías dejarme entrar, por favor?".

Me dejó entrar y le mostré —muy orgullosa— la enorme abolladura que le había hecho a su parrillera. Por supuesto, a John ni siquiera lo impresionó mi fuerza ni mi arrebato.

Nadie más a quien culpar

Seguí guardando mi ira bajo control, sin permitir que me avergonzara en público. La reservaba para mi hogar. Me había criado en una casa donde no se atacaban los problemas; se atacaba a las personas. Se buscaba a quién culpar para poder evadir la responsabilidad. Cuando niña, yo era la que sufría la mayor parte del abuso físico y emocional. Ahora, atacaba verbalmente a John cuando me sentía indefensa o enojada.

Sin embargo, había prometido que nunca les infligiría a mis hijos el enojo y el abuso que yo había sufrido. Mi madre no era cristiana cuando me crió. Una vez que me convertí, creí que eso prevendría que volviera a ocurrir tal abuso en mi propia familia.

No obstante había un problema con mi razonamiento: yo aún no había perdonado a mi madre. No era porque me hubiera olvidado de hacerlo: tenía miedo de perdonarla. Yo pensaba que si la soltaba, ella tendría libertad para volver a herirme.

Me encontré bajo una presión tan intensa como jamás la había sentido. Mi segundo hijo acababa de nacer. Mi hijo mayor tenía dos años, y repentinamente se volvió poco cooperativo para dormir su siesta. Esa batalla de la siesta se había estado librando durante varias semanas. Cuando el recién nacido estaba durmiendo, trataba de poner a dormir al de dos años en un desesperado intento por hacer algunas tareas domésticas. Cada vez que dejaba su dormitorio y bajaba las escaleras, él saltaba de su cama, me seguía y argüía que no necesitaba dormir la siesta. Subíamos y bajábamos las escaleras discutiendo. Finalmente, se quedaba acostado y dormía una siesta de dos horas. Pero en cuanto se dormía, el recién nacido despertaba.

Uno de esos días, después de esa lucha, exploté. Agarré a mi hijo de dos años y subí furiosa al dormitorio. Me dije a mí misma: *¡Debo hacerle ver que no se va a bajar otra vez de la cama!* Él pateaba, luchaba y se revolcaba. Pensé: *Debo aventar a este niño contra la pared. ¡Eso lo enseñará a no salir de su cama!* Lo levanté al nivel de mis ojos y ya estaba por estamparlo contra la pared, cuando vi el miedo en su mirada.

En algún momento, él debió advertir que mi ira había cruzado un límite jamás visto antes. El terror en sus ojos me recordó mi propio terror en mi niñez. Fue como si en un momento todos mis miedos infantiles se hubieran reflejado en su tierno rostro. Eso me frenó. Lo puse cuidadosamente sobre la cama y salí en silencio de su habitación. Seguía repitiendo: "Mamá está muy arrepentida de haberte asustado". Cerré la puerta y corrí abajo.

Me arrojé al suelo de la sala y lloré hasta agotar mis fuerzas. En ese momento, me di cuenta de que el problema no radicaba en mi madre, ni en mi marido, ni en mis hijos, ni en las presiones, ni en mi crianza, ni en mi origen étnico ni en mis hormonas: residía en mí. Esas cosas eran presiones, pero solo yo era responsable de mis reacciones frente a ellas.

Lloré porque dudé ante la imposibilidad de ser libre de esa ira. Había sido parte de mí por tanto tiempo que la excusaba como una debilidad o una falla de personalidad. Ahora me había encontrado cara a cara con ella. Ya no estaba envuelta en excusas. Vi la ira como realmente era: una tenaz fuerza destructiva a la cual le había permitido controlarme.

Estaba sola en ese momento. No había nadie a quien culpar. Por primera vez, sentí la horrible carga de la ira sobre mis hombros. Fue como si todas las antiguas escenas con palabras y acciones hirientes se repitieran ante mí, escenas en las cuales yo pensé que había estado justificada. Ahora, al volverlas a ver en mi mente, me horroricé de mis reacciones.

Recordé el incidente de la parrillera y pensé: *No puedo ir al altar a pedir oración para echar fuera esto. No es un espíritu.* Quebrantada, clamé por ayuda: "Dios, no quiero seguir así. No volveré a justificarme ni a culpar a otro. Perdóname, Señor". En ese momento, sentí que él quitaba el peso del pecado y la culpa de mis hombros. Volví a llorar, pero esta vez de alivio. Cuando me humillé, al haber renunciado y reconocido la ira como lo que era, Dios me perdonó y me dio la fuerza para vencerla.

Usted compra lo que justifica

Las obras de la naturaleza pecaminosa se conocen bien: inmoralidad sexual, impureza y libertinaje; idolatría y brujería; odio, discordia, celos, *arrebatos de ira*, rivalidades, disensiones, sectarismos y envidia; borracheras, orgías, y otras cosas parecidas.
—Gálatas 5:19-21, énfasis agregado

Yo había comprado una mentira. Esta escritura dice claramente que los arrebatos de ira son un producto de nuestra naturaleza terrenal, carnal, caída. Esto no es un espíritu, una tendencia hereditaria ni una debilidad. En Gálatas, Pablo no excusa esas cosas. De hecho, sigue diciendo:

Les advierto ahora, como antes lo hice, que los que practican tales cosas no heredarán el reino de Dios.
—Gálatas 5:21

Al usar la palabra *practican*, Pablo indica que nuestras acciones se convierten en hábitos. Hemos pecado de la misma manera tantas veces que ya se nos ha hecho habitual. No nos apresuremos a excusar la carne. Dios no nos dice que la excusemos, sino que la crucifiquemos.

Los que son de Cristo Jesús han crucificado la naturaleza pecaminosa, con sus pasiones y deseos.

—Gálatas 5:24

Usted conserva lo que justifica. Mientras justifiquemos o
demos excusas seguiremos cautivos. Al culpar a mi pasado,
excusaba mi presente. Pensé que las heridas del pasado me
daban derecho a comportarme así en el presente. Al culpar a
los demás, me sentía absuelta de responsabilidad. Pero, ¿qué
del dolor que pasó Jesús? ¿No fue suficiente para comprar mi
libertad?

Cuando nos negamos a asumir responsabilidades, renuncia-
mos a nuestra capacidad de cambiar. *Responsabilidad* quiere
decir "capacidad para responder". Es nuestra capacidad de responder la que determina nuestra futura libertad o falta de ella.
Cuando nos humillamos, admitimos nuestra iniquidad y renun-
ciamos a ella, escapamos de su lazo.

Perdone y olvide

Cuando terminé de llorar, Dios me ordenó que llamara a mi
madre y le pidiera perdón por todos los años que no había
querido perdonarla. Un incidente era particularmente doloroso,
el que había guardado en mi corazón como el fundamento de mi
falta de perdón. Me sentí guiada por el Espíritu a mencionarle
ese incidente a ella como una de las cosas incluidas en mi
perdón.

Por obediencia, la llamé. Entre lágrimas, le confesé mansa-
mente mi falta de perdón, incluido ese incidente. Luego, le ase-
guré que la amaba.

Ella comenzó a llorar. "Lisa, perdóname por eso", me dijo.
"No sabes cuánto me ha pesado el recuerdo de ese asunto".
Mi confesión nos liberó a las dos. Mi madre es una mujer

maravillosa, pero yo había permitido que entre nosotras existiera una brecha durante todos esos años. Al orar juntas, el poder del perdón quebró la maldición sobre la nueva generación.

Si es libre, no lo esconda

No hay razón para cubrir o esconder algo de lo cual usted ha sido liberada. Yo estaba feliz de haber sido librada de la ira. Era maravilloso no tener que aparentar para esconder eso. Era feliz por haberlo superado. Para entonces, no tenía idea de que las luchas personales y privadas que había escondido, llegarían a ser una parte integral de mi testimonio público.

Un día, mientras me preparaba para dar una charla en un desayuno de mujeres en Pensilvania, le pregunté al Señor:

—¿Qué quieres que hable hoy? —y procedí a presentarle varias opciones con las cuales me sentía cómoda... y esperé que me guiara.

Él me sorprendió.

—Quiero que te levantes y les digas a esas mujeres que eres un desastre.

Me horroricé.

—Señor, si digo eso no me escucharán. ¡Ellas no querrán oír a una persona que es un desastre!

—Muchas de ellas están atadas —me contestó—. Quiero que seas franca y sensible con ellas. Entonces, ellas bajarán sus defensas, y yo las podré ayudar.

Seguramente no estoy oyendo bien, pensé. Así que volví a preguntarle a Dios:

—¿Qué quieres que ministre?

Él no respondió.

Cuando llegué al desayuno, las mujeres me escrutaron de pies a cabeza como para medir mi valor y mi aptitud para hablar. Podía notar que estaban evaluando mi edad y mi apariencia.

Estuve muy callada durante el desayuno. Esperé oír nuevas directrices de Dios, pero él permaneció en silencio.

Cuando llegó el momento de presentarme, la esposa del pastor me describió en términos tan elogiosos que creí que estaba presentando a otra persona. Pensé: *Si digo lo que Dios me dijo, ella creerá que me estoy burlando.* Así que decidí echarle la culpa a Dios.

Agarré el micrófono y hablé a las mujeres. "Dios me dijo que les dijera que soy un desastre". Ellas no sabían qué hacer. Estaban preparadas para que yo las impresionara, pero quedaron desarmadas. Algunas rieron; otras se quedaron mirando boquiabiertas, sin comprender.

Así que les conté cómo me había librado Dios de la ira y puso al descubierto mi orgullo. Ellas comenzaron a serenarse. Al darse cuenta de que yo no las iba a herir ni a intimidar, abrieron sus corazones. Después del mensaje, durante el tiempo de ministración, el poder de Dios y la palabra de conocimiento fluyeron libremente y sin impedimentos. Al terminar la reunión, fui rodeada por mujeres que lloraban y confesaban sus propias ataduras. Se sentían seguras de hacerlo conmigo, porque yo había sido sincera con ellas.

> Por eso, confiésense unos a otros sus pecados, y oren
> unos por otros, para que sean sanados. La oración
> del justo es poderosa y eficaz.
>
> —Santiago 5:16

Eso sucedió hace más de seis años y sigue sorprendiéndome la cantidad de mujeres que responden cuando yo, sencillamente, me muestro receptiva, sensible y auténtica con ellas. Jesús siempre era auténtico con la gente a quien le ministraba.

Hay poder en la verdad y la confesión. Es importante que demos testimonio sincero del poder de Dios que ha cambiado nuestras vidas. Al hacerlo, estamos dando a los demás el ánimo y la esperanza en los que puedan anclar su fe. Esa es una oportunidad para que sean valientes y se atrevan a creer que Dios hará lo mismo por ellos.

El que encubre sus pecados no prosperará; mas el que los confiesa y se aparta alcanzará misericordia.
—Proverbios 28:13

Cuando somos sinceras, reconocemos su misericordia y su gracia. La sinceridad rompe la atadura de la vergüenza en nuestra vida. La reto a enfrentar su ira sin temor. Quizás esté escondida entre las sombras de las excusas. Quizás la haya excusado por su pasado, sus padres, su raza o su entorno, pero a menos que se haga responsable de sus propias acciones, seguirá siendo víctima de ellas. Será víctima de las fuerzas destructivas que su ira arroja contra su vida y las de sus seres queridos.

Dios quiere sacarla de las sombras a la luz de su libertad. Deje que estas preguntas penetren su alma:

- ¿Dice que los demás la hacen enojar?
- ¿Justifica su enojo culpando a las circunstancias o presiones que la rodean?
- ¿Ataca a las personas más cercanas?
- ¿Tiene miedo de aceptar la responsabilidad de sus acciones?
- ¿Ha aceptado la ira como un estilo de vida?

Al contestar con sinceridad esas preguntas —y las de la página siguiente— usted podrá evaluar con exactitud su condición en cuanto a la ira. Si ha contestado sí a algunas de estas preguntas, creo que se ha visto a sí misma en este capítulo. Si está lista para arrepentirse y soltar su ira, la gracia de Dios está a su disposición ahora mismo.

¿QUIÉN CONTROLA?

1. Algunas veces, la ira es justificada. Lea Efesios 4:26 y Santiago 1:19. A la luz de esos versículos, ¿cuál piensa que es una respuesta bíblica para esas veces en que tiene razón para enojarse?

_____

_____

_____

_____

2. La falta de perdón y la amargura son, a menudo, la raíz de la ira. Medite cuidadosamente, y en oración, cuáles son las personas a las que es necesario que usted perdone. Algunas cosas son más difíciles de perdonar que otras. ¿Cómo siente que la está guiando Dios para tratar con las situaciones que él trae a su mente?

_____

_____

_____

_____

3. Una vez que usted decida perdonar a alguien, debe comenzar a responsabilizarse por su parte en cada situación o al menos por su reacción a ella. Olvide las excusas y pida a Dios que le muestre si hay en esas situaciones alguna parte de la cual usted debe hacerse responsable. ¿Cuáles son las verdades difíciles que ha descubierto?

_____

_____

_____

_____

_____

Padre Dios:

Vengo delante de ti con quebrantamiento y humildad. Ya no tengo a quien echarle la culpa. No traigo excusas. Acepto la plena responsabilidad de mi ira. La pongo a tus pies, y me humillo bajo tu poderosa mano de misericordia y gracia. Recibo el poder de Dios impartido a mi ser. Decido vivir libre de la ira. En el nombre de Jesús, amén.

Quien chismea con usted, chismea sobre usted.

Quiero agradecerle a Lisa por su libro *Sin control pero feliz*. Me ha ministrado realmente mucho. Gracias por ser tan auténtica con nosotras. Esto es lo que la mujer de hoy necesita.

—B. S., Virginia

CAPÍTULO DOCE

LOS CHISMES: MÁS QUE SIMPLES PALABRAS

Como miembro de una fraternidad de la universidad, descubrí el peligro de volver a entrar a la habitación que acababa de abandonar. Nueve de cada diez veces cuando regresaba, encontraba que mis fraternas comentaban sobre mis vicios y mis virtudes. Siempre trataba de recordar todo lo que necesitaba antes de dejar la habitación. Si la necesidad me obligaba a regresar, trataba de hacer ruido en el pasillo antes de abrir la puerta.

Siempre resultaba doloroso y vergonzoso oír que los susurros y las risas cesaban repentinamente cuando volvía a la habitación a buscar la toalla o el cepillo de dientes que olvidaba. Observaba sus rostros y sabía —en parte, por el malestar que sentía en mi estómago— que acababan de sacarme el cuero a tiras.

Eso era de esperarse. En mi fraternidad, pocas mujeres afirmaban ser cristianas. ¡Yo proclamaba audazmente que era una pagana comprometida a perseguir el placer y la protección del yo! Buscaba el placer momentáneo y la protección del dolor futuro. Así que no podía estar por encima del chismorreo. Lo miraba más bien como una autodefensa. Es decir, chismes de mujeres, ¿verdad?

Luego, durante el verano entre el tercer y el cuarto año en la universidad, para sorpresa y total incredulidad de quienes me rodeaban, esta pagana se convirtió en creyente del evangelio.

Otro estudiante del recinto universitario me guió en la oración de arrepentimiento, y acepté a Jesús como mi Señor y Salvador. (Más tarde ese joven llegaría a ser mi esposo). Fui gloriosamente salvada, librada del alcohol e instantáneamente sanada de una severa intolerancia lactosa.* Fue entonces cuando comprendí por qué mi estilo de vida tan superficial y egocéntrico me dejaba una sensación de vacío.

Cuando regresé a la universidad, descubrí que mi antiguo entorno era poco compatible con mi nueva fe. Sentí que Dios me estaba guiando a mudarme a Dallas. John, el joven que me había llevado a Cristo, estaba allí, por lo que me entusiasmaba la idea de unirme a una iglesia y ser bien recibida por mis nuevas y verdaderas hermanas.

Conversación de hermanas

¡Ahora todo será diferente!, pensé. *Las mujeres de la iglesia son cristianas.* Me imaginé unos amigos cristianos sonrientes dándome la bienvenida con los brazos abiertos y a unas mujeres mayores discipulándome.

¡Qué desilusión me esperaba! No les agradaba ni un poquito recibirme. Es más, no fui recibida. Al contrario, me veían como una amenaza, como una competencia, dada la baja población de solteros cristianos disponibles en esa congregación.

El primer domingo, sentí su desaprobación mientras me medían a lo lejos y estudiaban tanto mi apariencia como mi comportamiento. Se mantenían muy frías cuando me presentaban y, rápidamente, volvían la conversación a temas o personas que yo desconocía. Por primera vez, desde mi conversión, me sentí extrañamente incómoda.

---

*Este desorden hereditario hizo que fuera hospitalizada dos meses antes, debido a una severa reacción a un producto lácteo. Después de pronunciar una sencilla oración, pude comer libremente pizza, malteadas y todas las otras cosas que me habían causado tanto dolor durante mi adolescencia.

Al juzgar por las miradas que recibía, pensé que podían estar dudando de que mi conversión fuera genuina. Yo era salva desde hacía solo unos pocos meses y, todavía, no había reunido un guardarropa "santificado". Usaba ropa como la de cualquier joven mundana. No tenía dinero para comprar ropa nueva, así que intenté convencerlas de que, pese a mi apariencia, yo era sincera y mis intenciones, honorables. Los varones eran amistosos, pero las jóvenes permanecían distantes y desconfiadas.

Bueno, pensé. *Quizás Dios no quiere que yo tenga amigas mujeres.*

John me había propuesto matrimonio unos meses antes de llegar a Dallas, pero yo no estaba lista para contraer ese compromiso. Toda mi vida me había medido a mí misma por la persona con quien salía o por la posición social de mi familia. Ahora quería llegar a conocer a mi Padre Dios. Sabía que Dios me había llamado a casarme con John, pero decidí no salir con él. Continuaba estudiando, trabajaba y asistía a la iglesia. Me aseguraba de llegar tarde, sentarme sola y retirarme temprano. Pensaba que debía dar la impresión de una vida plena y ocupada. Forjé esa apariencia para esconder lo que en verdad vivía.

Lo cierto es que me sentía extremadamente sola. Nunca había estado aislada y, en esa soledad, me cuestioné si había sido sabia la idea de dejar la universidad. Yo había estado idealizando las cosas. Parecía que mi fraternidad tenía más amor, hospitalidad y compasión que lo que encontré en la iglesia. Al menos sabía qué esperar de ellas. Pero esta gente me confundía del todo. Estaba perpleja ante la recepción de mis verdaderas hermanas.

Pasaba horas llorando con mi madre, que ya era cristiana. Al tomar la decisión de dejar la universidad y asistir a una institución cristiana, mi padre dejó de pagarme los estudios. Estaba sola en un departamento de un solo ambiente, sin amigos, sin muebles ni dinero. Había pasado de ser una niña rica asidua a fiestas, con montones de amigos, a convertirme en una pobre chica solitaria que vivía de un sueldo de camarera a tiempo parcial.

Un domingo, al tratar de salir inadvertida de la iglesia, me encontré con una joven de mi edad. Nos reímos y hablamos un rato, unas semanas después, salimos a comer juntas. Cuando estábamos comiendo, me dijo:

—En realidad, ¡no eres desagradable como dicen!

Quedé atónita. Estaba segura de que la razón por la que había sido ignorada era que mi presencia no era notada.

—¿Quién dice que soy desagradable? —pregunté.

—Bueno, tú sabes —tartamudeó— todas las otras jóvenes y mi tía.

¡Mi sorpresa se volvió horror! ¡Todas las otras jóvenes y su tía! Ella era una de las mujeres más prominentes e influyentes de esa congregación de cinco mil miembros.

Parecía que las mujeres habían determinado que yo era una engreída. También estaban jugando con la idea de que yo hubiera echado alguna clase de hechizo sobre John para que no saliera con nadie más. Eso fue porque él les había dicho a todos que se casaría conmigo.

Con el corazón destrozado, regresé a casa segura de que mi deseo de obedecer a Dios y dejar la universidad había sido un error. Lloré hasta quedarme dormida.

Deje que Dios maneje la conversación

Sin embargo, en el servicio de la mañana siguiente, mi dolor se convirtió en enojo, al mirar a aquella prominente dama subir a la plataforma a hablar de algo que Dios había puesto en su corazón. Yo apretaba los puños y trataba de permanecer serena hasta que terminara de hablar.

Apenas concluyó la reunión, salí corriendo hacia mi automóvil. Sola con mis pensamientos, me consolaba diciendo:

¿Qué diría la gente si supiera cómo es realmente la "Señora Importante"?

Yo estaba considerando qué hacer cuando me interrumpió la suave voz de Dios.

—Lisa, si te defiendes a ti misma, yo no te defenderé.

—Pero, Señor, ¡eso no puede ser! —argüí.

—Si comienzas a defenderte ahora —me contestó— tendrás que hacerlo el resto de tu vida. Acto seguido, me prometió lo siguiente—: Si tú no te defiendes, yo seré tu defensa.

Sabía que mi situación no tenía salida. ¿Quién se daría cuenta, de todos modos? No conocía a nadie en Dallas, salvo a quienes me habían calumniado. Yo tenía veintiún años, no tenía influencia, ni amigos ni dinero.

Dios me preguntó:

—Lisa, ¿sabes lo que es el chisme?

Estaba segura de que lo sabía, así que contesté:

—Es lo que la gente habla irresponsablemente de los demás.

Sin embargo, el Señor me dio una definición más profunda.

—El chisme es cuando dos o más personas se ponen de acuerdo con las mentiras del diablo.

—Pero ¿qué pasa si la verdad? —le pregunté, al pensar en lo que la mujer de la iglesia me había hecho. Yo solo quería decir la verdad acerca de ella.

En respuesta, el Señor describió una escena que yo pudiera entender.

—¿Qué pasaría si vieras a una mujer cristiana salir de un club nocturno del brazo de un hombre y fuera a su casa y pasara la noche con él? ¿Qué creerías de esa persona?

Respondí lo obvio.

—¿Estarías en lo correcto si repitieras lo que viste? —continuó diciéndome.

Yo estaba segura de que si había sido testigo presencial y mi información era auténtica, entonces era correcto repetirla.

—¿Y si ella confesara y se arrepintiera de su pecado? —preguntó él—. ¿Qué pasaría entonces? ¿Qué haría yo con su iniquidad?

Yo contesté:

—La echarías en el mar del olvido, tan lejos como está el oriente del occidente (Salmos 103:12).

—Por supuesto, en lo que a mí concierne, eso nunca sucedió. Si yo lo olvido, tú no tendrías derecho a repetirlo, ¿verdad?

—Así es —contesté—. No tendría derecho a hacerlo.

En ese incidente, el Señor fue fiel y me defendió. Aquella mujer llegó finalmente a invitarme a almorzar y a disculparse conmigo. Pero primero, Dios me hizo dirigirme a ella, humillarme y disculparme por mi aparente indiferencia (recuerde mi vida fingidamente ocupada). En el almuerzo, ella confesó que no sabía por qué me había hecho objeto de sus chismes. Me aseguró que ahora se estaba esmerando en comunicarles a todos la maravillosa joven que era yo.

Bocados suaves

El chisme puede ser extremadamente doloroso. Todas hemos sufrido alguna vez las heridas de palabras dichas en ese tono. Hemos sentido el aislamiento y el rechazo que generan. Hemos visto los ojos que se apartan y sentido la distancia en las palabras calculadas de los demás, palabras que solían transmitir mensajes tácitos adicionales. Hemos visto a quienes nos evitaban dándonos la espalda.

Quizás alguien a quien usted le entregó su corazón con absoluta franqueza y sensibilidad ahora la ha echado fuera. Tal vez siente como si la hubieran dejado afuera y sin llaves, pero no sabe por qué.

Todas podemos identificarnos con el dolor. Entonces, ¿por qué chismeamos de los demás?

En su gran mayoría, las mujeres son comunicadoras. Para algunas de nosotras, ¡hablar es tan necesario como comer! Es la manera en que procesamos la información y los problemas. Es un don poder comunicar amor, interés, humor e información verbalmente. Igual de importante es usar ese don para ayudar a otros a expresar sus sentimientos y temores más profundos. Las mujeres estamos dotadas con la capacidad de rodear a otras personas con palabras cálidas y una atmósfera de apoyo. Eso es saludable y necesario. Pero el chisme no es una parte sana de esta dieta equilibrada.

El chisme es el chocolate de la conversación. Lo que le falta en valor nutricional le sobra en sabor. Como el chocolate, el chisme es sabroso, costoso y estimulante para el momento, pero vacío de nutrición constructiva y lleno de calorías excesivas. Después del disfrute inicial, lo que le queda a una es el dolor de cabeza. Sabe que no debería haber comido otro bocado, pero, ¡estaba tan sabroso!

El rey Salomón describió la atracción del chisme en esta manera:

Las palabras del chismoso son como bocados suaves,
y penetran hasta las entrañas.
—Proverbios 18:8

Estas son palabras sumamente apropiadas. "Bocados suaves" describe algo que es delicioso e indulgente, pero minúsculo. Es una cosa pequeña demasiado arreglada: un poquito de información o conversación a la cual se le asigna demasiada importancia. Por desdicha, esta trivialidad demasiado arreglada tiene el poder de penetrar profundamente en el alma.

El diccionario define el *chisme* como "rumor, difamación, escándalo, noticias, charla, desprestigio". El acto de chismear es descrito como "pasar información, conversar, llevar cuentos".

Es interesante notar que la verdad no se menciona en ninguna definición de chisme. El chisme es una negligente dispersión de acusaciones infundadas y tergiversadas. No tiene credibilidad ni responsabilidad. Es sigiloso y selectivo, y sus verdaderos motivos siempre permanecen ocultos.

Los motivos detrás de los métodos

Me gustaría poder decir que jamás participé en chismes como cristiana, pero estaría mintiendo. Para mi propia vergüenza, descubrí que podía tener tanto mal gusto y ser tan odiosa bajo presión ¡como cualquier otra persona! ¿Por qué? Aquí están mis razones o excusas. Quizás se identifique con ellas.

Yo chismeaba para asegurarme o defenderme a mí misma o a un ser querido. En otras palabras, chismeaba cuando sentía que Dios necesitaba un poco de ayuda mía para protegerme mejor o hacerlo con otros. Chismeaba para justificarme o defenderme cuando estaba preocupada porque la otra persona no hubiera oído mi versión de la historia. Chismeaba cuando me sentía ofendida por otros. Repetía sus fallas o fracasos porque me habían herido, pero yo no los había perdonado.

Sin embargo, hay una razón particularmente interesante: chismeaba para recibir la información de otro a cambio de la mía. Es una regla tácita que cuando usted le confía algo a otro, el otro le confía algo a usted. Este intercambio hace vulnerables a ambas partes, lo cual permite que los dos se sientan de alguna manera seguros. Si la otra persona lo traiciona, usted tiene algo con qué desquitarse. Ese razonamiento luce retorcido escrito aquí, sin embargo, es ampliamente practicado.

Nunca calculaba ni pensaba mis motivos antes de chismear. Fue solo después de permitir que Dios juzgara los motivos e intenciones de mi corazón que descubrí todas esas sórdidas excusas acechando bajo la superficie. Uno de esos motivos eran los celos.

El factor celos

Somos presa de los celos cuando erróneamente creemos que el favor de Dios hacia una persona implica su desatención con otras. ¿Recuerda a Caín? Su caso fue la primera historia de celos de la Biblia. Caín percibía la aceptación de Abel como rechazo a él. Desgraciadamente, aún hoy los celos proliferan entre la fraternidad cristiana.

Los celos engendran competencia, lo que es impulsado por el chisme. En ese terreno, el chisme no se limita a susurros en voz baja a espaldas de alguien, sino que incluye difamación franca o pública (o desde los púlpitos). Los que tienen poder e influencia, tratan de difamar a menudo a quienes perciben como una amenaza para su éxito. Los celos son temores horribles y, además, son consumidores. Hay quienes maldicen a sus hermanos por celos, por eso es importante estar listos para responder con bendiciones.

La codicia, desear lo que Dios le ha dado a otro, es producto de los celos. Nunca me consideré una persona codiciosa hasta ver que Dios bendecía a otras con algo que yo necesitaba.

Al principio, cuando comenzamos a viajar, cruzamos los Estados Unidos con nuestros tres hijitos dentro de un pequeño automóvil atestado. Cada noche, como familia, uníamos nuestras manos para orar. Por fe, dábamos gracias a Dios por nuestra nueva furgoneta.

En el curso de nuestros viajes, visitamos una iglesia donde un matrimonio acababa de recibir una furgoneta como regalo. Aunque me alegraba por ellos, ¡no me alegraba por mí! ¡Yo necesitaba una furgoneta! El matrimonio que había recibido la furgoneta asistía a la iglesia donde ministrábamos. Ellos tenían menos niños y ni siquiera tenían que viajar. Dios les había dado una furgoneta. Estaban tan entusiasmados contando cómo Dios los había bendecido. Incluso, admitieron que ni siquiera la necesitaban.

Yo pensé que tal vez ocurrió un error. Seguro que quien se los dio tendría que habérmela dado a mí. Sabía que mi reacción era errónea, pero pensé: *¡No es justo!* Desanimada, me quejé a Dios al respecto. Mi necesidad era mayor, ¿por qué darles la furgoneta a ellos?

Él contestó: "Lisa, estás molesta porque ves esa bendición como si disminuyera mi capacidad para bendecirte a ti. La bendición no viene de tu cuenta, sino de la mía. Yo no tengo límites".

Claro que Dios tenía razón. Yo percibía la bendición a los demás como un rechazo de mi propia necesidad. En vez de regocijarme con ellos, permití que los celos me hicieran enfocarme en mi propio problema.

Imaginaba la provisión de Dios como un gran depósito que ahora tenía una furgoneta menos. Yo razonaba que la bendición para ellos había disminuido la aptitud de Dios de proveer para mi necesidad. ¡Ellos habían afectado mis probabilidades de ganar!

Somos tentados a chismear cuando percibimos la provisión, favor o posición de otro como una disminución de la capacidad de Dios para bendecirnos, protegernos o proveernos.

Atraer a otros a nosotras mismas

Los celos se manifiestan incluso en las amistades. Quizás Dios nos ha bendecido con un amigo, pero no confiamos en la seguridad de esa amistad. Por eso, nos sentimos tentadas a desacreditar a cualquier persona o cosa que percibamos como una amenaza a esa relación. Difamamos a otros para lograr la alianza de nuestro amigo. Las amistades basadas en fundamentos como esos no duran mucho, ya que nos volvemos posesivos y celosos. Nos ofendemos por el mismo amigo que tratamos de retener, porque percibimos cualquier atención que nuestro amigo dé a otro como deslealtad para con nosotras.

Es necesario, sobre todo en estos tiempos, que le permitamos a Dios establecer nuestras amistades basadas en su verdad y sus principios. Primero, hagamos de Dios nuestro mejor amigo.

El que ama la pureza de corazón y tiene gracia al hablar tendrá por amigo al rey.

—Proverbios 22:11

Deje que el Rey elija sus amistades.

Debemos desear corazones puros por encima de la necesidad de tener amistades. Parte de la purificación de nuestros corazones es refinar nuestra manera de hablar. Nuestras palabras deberían estar llenas de gracia. La gracia se ha descrito en dos formas:

1. La capacidad de hacer lo que la verdad exige.
2. Un favor inmerecido.

Ambas descripciones son aplicables a la amistad. Hablar con gracia requiere honrar o cubrir a quienes, en nuestra opinión, no lo merecen. Pero, ¿no es eso lo que Dios hace por nosotras? Él nos cubre con su sangre y nos honra con su nombre. De igual manera, debemos cubrir y honrar a quienes nos rodean, sintamos que lo merezcan o no. Dios elegirá *sus* amigos para nosotras y, por tanto, él querrá que los tratemos del modo en que él los trataría. Por tanto, Dios nos confiará verdaderos amigos, porque sabe que les seremos fieles.

Cuidado con lo que escucha

Hasta ahora, hemos tratado el tema del chisme respecto a lo que una habla, pero el chisme no se limita a lo que es hablado. A menudo, el chisme más difícil y destructivo a sacarse de encima no es lo que usted haya dicho, sino lo que haya oído.

El malvado hace caso a los labios impíos, y el mentiroso presta oído a la lengua maliciosa.

—Proverbios 17:4

La Biblia dice que es malo, incluso, oír los labios impíos. Quizás escuchó a otros y pensó que todo estaba bien porque usted no estaba de acuerdo con lo que escuchó, únicamente los oyó. Solo quería que ellos pudieran ventilar sus penas con alguien confiable. Bueno, ¡no es apropiado para ellos y, ciertamente, tampoco lo es para usted!

Al escuchar, su propia alma se contaminó con lo que oyó. Sin saberlo, ahora usted busca los atributos tratados o las fallas de carácter de la persona acusada. Sorprendentemente, sus ojos fueron abiertos, ahora puede ver con claridad lo que había estado oculto. Es posible que piense que usted es una persona con mayor discernimiento. Pero no, no lo es. Simplemente, ahora, es más desconfiado.

De repente, cuando oye nombrar a cierto individuo, su mente recuerda las acusaciones y quejas que oyó anteriormente. Pronto, está luchando con sus propios pensamientos críticos hacia esa persona. Le tienta juzgar sus motivos y sus acciones.

Esto es particularmente peligroso con los líderes y los cónyuges.

Escuchar chismes acerca de los líderes socava a quienes Dios ha puesto sobre nosotras (jefes, padres, maestros o ministros). Llegamos a desconfiar de los mismos que Dios puso para guiarnos, proveernos, capacitarnos o ministrarnos.

El chisme que oímos es peligroso para nuestro matrimonio, porque corta nuestra intimidad. No nos sentimos libres de entregarnos a nuestro cónyuge cuando tenemos miedo de que nos hiera. Es importante que cuando alguien venga a usted con una queja acerca de su pareja, le haga entender a esa persona que su cónyuge y usted son uno.

En los primeros años de mi ministerio, algunas mujeres me llevaban a almorzar. Una comenzó a decirme cuánto me quería, pero pensaba que mi marido era muy extremo en su forma de ser. Y citó sus razones, por lo que comenzó a criticar a John. La interrumpí y le dije: "Perdóname si te he dado la impresión de no concordar con John respecto a este tema. Estoy de acuerdo con mi marido y, al hablar en contra de él, estás hablando contra mí. Por lo tanto, puedes dirigir tu queja directamente a mí". Ella se detuvo de inmediato. Estaba más interesada en criticar que en resolver algo.

Tenga cuidado. No permita que nadie, ni los miembros de su familia, critique a su compañero y socave su unidad. Discierna si están tratando de ser constructivos o destructivos. A menudo, no se dan cuenta del efecto dañino de sus palabras. Piensan que al señalar un problema, están dándole soluciones. Corríjalos amablemente.

¿Qué debemos hacer?

Le he dado una muestra de algunas de las trampas de los chismes. He sido sincera con usted para que, a su vez, sea sincera consigo misma.

Cada vez que yo chismeaba, me sentía triste y prometía no hacerlo más. Eso era una fuente de constante frustración para mí. Sabía en lo profundo de mi corazón que no quería hacerlo, pero dejar eso a un lado parecía imposible. Me arrepentía en una circunstancia solo para enredarme en otra. Llegó a un punto en que le pedí a Dios que me aislara hasta poder superar ese patrón o fortaleza arraigada en mi vida.

¿Por qué esa fortaleza se había establecido en mi vida y por qué era tan difícil de vencer? Imagínese un huerto, al fondo de su casa, con una hilera de árboles frutales que constantemente producen fruto malo. La fruta de esos árboles está infectada con insectos y gusanos. Pero usted no quiere que la plaga de esa fruta se extienda a los otros árboles buenos. Todas las semanas, recoge la fruta mala de esa hilera para quemarla. Pero apenas ha terminado con el último árbol de la hilera, nota que la fruta mala ha vuelto a aparecer en el primer árbol. Frustrada, comienza el proceso de nuevo.

Para hacer eso, descuida la atención de sus árboles buenos y la cosecha del fruto. Los árboles buenos están llenos de un fruto apetitoso, pero usted está demasiado ocupada sacando el fruto malo como para dedicar tiempo a cosechar el bueno.

Para eliminar el fruto del chisme debe destruir el árbol. Es inútil y frustrante perder el tiempo destruyendo el fruto. Debe dirigir su hacha a la raíz que nutre al árbol y alimenta al fruto. Esas raíces están absorbiendo algo que está destruyendo su fruto.

El chisme se arraiga en la incredulidad y es alimentado por el temor. Sabemos ya que el temor es un espíritu y que la incredulidad es una condición del corazón. Entonces, podríamos ciertamente llamar chisme a un estado del corazón.

Caemos presa del chisme cuando tememos confiar en Dios para sostenernos en la verdad. No importa cuán compleja o especial sea nuestra situación, si somos sinceras, encontraremos al temor y la incredulidad como raíz del problema.

No perdonamos porque tememos volver a ser heridas. Entonces, nos ponemos en guardia en cuanto a las ofensas pasadas. Con ello, probamos que dudamos de la capacidad de Dios para sanar nuestro pasado y proteger nuestro futuro.

Difamamos a otros porque pensamos que nuestro valor propio está ligado al de ellos. Tenemos miedo de que si los demás se ven bien, al compararnos nos veremos peor. Eso revela que nuestro valor propio no está fundado en Jesucristo.

Nos ponemos celosas porque no creemos que Dios es justo. Tememos que él haga acepción de personas y que honre a las personas, no la fe y la obediencia. Debemos recordar que todo lo que recibimos es por gracia y por fe en la bondad de Dios.

Cómo sanar las heridas que causan los chismes

El charlatán hiere con la lengua como con una espada, pero la lengua del sabio brinda alivio.

—Proverbios 12:18

Los chismes son palabras imprudentes o dichas con descuido y que hieren. La única manera de sanar las heridas que producen es responder con palabras que contengan sabiduría y promuevan la reconciliación. No debemos contestar de la misma forma en que la información nos fue dada. Un ejemplo de tal respuesta sería concordar con el chismoso y ofrecer nuestra propia historia de cómo el ofensor también nos hirió. Eso no traería sanidad. La instrucción directa de Dios que recibimos es la siguiente:

No respondas al necio según su necedad, o tú mismo pasarás por necio.

—Proverbios 26:4

El que perdona la ofensa cultiva el amor; el que insiste en la ofensa divide a los amigos.

—Proverbios 17:9

Cuando escuchamos una ofensa repetidas veces, podemos distanciarnos de nuestros amigos más cercanos. Estos versículos se refieren al dolor o la herida de alguien cercano a nosotras. Debemos desarrollar la sabiduría y el discernimiento necesarios para contestar con palabras de vida. He descubierto que el Libro de Proverbios es una excelente fuente de sabiduría para gobernar mi corazón. Al final de este libro, en el apéndice, hay una lista adicional de pasajes bíblicos que le serán de ayuda.

Es difícil cuidarse de ese tipo de chismes, pero le ayudará plantearse las siguientes preguntas:

- ¿Por qué me están diciendo esto a mí?
- ¿Están confesando su reacción a las ofensas o simplemente repitiéndolas para influenciarme?
- ¿Se han dirigido al individuo que las ofendió?
- ¿Me están pidiendo que vaya con ellos para ayudar a restaurar la relación?
- ¿Estoy en condiciones de ayudarlos?

Si las respuestas a estas preguntas no son claras, quizá usted no sea la persona con quien ellos deban hablar. Ellos deberían hablar, en primer lugar, con quien los ofendió.

Al estudiar el Libro de Proverbios y considerar estas preguntas, no solo podremos responder con sabiduría, sino que además distinguiremos correctamente nuestros propios pensamientos y motivos. Eso también será útil cuando vayamos a otros con nuestras quejas.

Indirectas

Tenga cuidado de aquellas cosas que debilitarán sus defensas contra los chismes. Cuando alguien viene pidiendo consejo, quizás intente adularle, sea intencionalmente o sin saberlo. Esto puede hacer que usted pierda el discernimiento.

> No aceptes soborno, porque nubla la vista y tuerce las sentencias justas.
>
> —Éxodo 23:8

Es poco probable que alguien le deslice un billete de veinte dólares. El tipo de soborno del cual debe cuidarse es la adulación, que se infiltra en comentarios como: "Sabía que podía contarte esto, porque no se lo dirás a nadie". Esto nos hace sentir dignas de confianza, como si tuviéramos una relación exclusiva con esa persona. Influida por ese tipo de adulación, prometí no repetir asuntos que hubiera sido mejor sacar a luz. La confiabilidad se prueba con el tiempo. Nunca podemos estar seguras de los hechos hasta haber escuchado todo el asunto.

Alguien puede adularla diciendo: "Sé que eres una persona espiritual y con discernimiento".

Una vez, recibí la llamada de una mujer que dijo que había oído que yo era capaz de interpretar sueños. Luego, procedió a contarme no solo su sueño, sino también la interpretación. Como resultado de ello, concluyó que su pastor no era un hombre espiritual. En realidad, esa mujer no me estaba preguntando nada. Simplemente quería conseguir mi acuerdo y mi apoyo. Así que fíjese a quién escucha.

En mi niñez, había una preciosa familia católica irlandesa con ocho hijos que vivían a la vuelta de mi casa. La madre había decorado la cocina de una manera especial. Había pintado proverbios y dichos en las paredes. Recuerdo claramente uno de esos dichos: "Quien chismea contigo, chismea sobre ti".

En la práctica, he descubierto que este proverbio es muy cierto. Los que le llevan cuentos a sus oídos, llevarán los cuentos de usted a los oídos de otros. A menudo, asociarán su nombre. "El otro día, estuve almorzando con Lisa. ¿Sabías que Fulano dijo tal y cual cosa?". Lo que la otra persona recordará es su nombre y el comentario. Ahora, usted es culpable por asociación.

Diga la verdad

Debemos ponernos firmes a fin de llegar a ser individuos decididos a discernir, a través de la adulación de la persona, y decir la verdad. Con solo escuchar, validamos una ofensa. Debemos pedir a Dios sabiduría para expresar su restauración y su verdad. Cuando nos atacamos unos a los otros, se nos advierte lo siguiente:

> Pero si siguen mordiéndose y devorándose, tengan cuidado, no sea que acaben por destruirse unos a otros.
>
> —Gálatas 5:15

¿Por qué batallará Satanás si puede lograr que lo hagamos nosotras mismas? Recuerde, él ha sido despojado de sus armas. Además, quiere que nosotras seamos las acusadoras de los hermanos en lugar de él. Al hacer guerra, unas contra otras cumplimos su propósito. Es tiempo de edificarnos, no de destruirnos mutuamente. Es importante no alinearnos con las mentiras del enemigo, sino con la verdad de nuestro Padre.

Si vemos algo como inocente y bienintencionado, Dios tiene una manera de revelar lo que realmente es. Cuando le pedimos que separe lo precioso de lo vil, él señala nuestras fallas escondidas y las expone para que podamos examinarlas a su luz. Su luz "que todo lo revela" brinda una perspectiva diferente de la que da la tenue iluminación de nuestras intenciones. En ese momento, vemos nuestras fallas como realmente son: horrorosas.

Aunque seamos tentadas a excusar nuestro comportamiento, es crucial dejar que el dolor y la vergüenza de esta revelación perfore nuestro corazón en ese momento. Luego, nos dirigiremos a nuestro Padre amoroso para pedirle perdón, renunciar a nuestra participación en los chismes y regocijarnos cuando Dios la deseche. Si cometemos el error de justificar nuestro comportamiento, seremos cautivos de él.

Pida a Dios que examine su corazón para que pueda conocer la verdad y ser libre.

¿QUIÉN CONTROLA?

1. Como la autora, tal vez usted nunca haya pensado en los verdaderos motivos para chismear que acechan bajo la superficie. Marque aquellas de las siguientes razones dadas por Lisa que usted ahora, con la ayuda de Dios, pueda identificar como las verdaderas intenciones de su corazón. Añada, en el espacio provisto, cualquier motivo adicional que Dios le revele.

❑ "Chismeo cada vez que siento que Dios necesita mi colaboración para proteger a los que amo o a mí".

❑ "Chismeo para justificarme o defenderme cuando me preocupa que la otra persona no haya escuchado mi lado de la historia".

❑ "Chismeo cuando he sido ofendida por otros".

❑ "He chismeado para obtener información sobre alguien".

❑ "Somos tentadas a chismear cuando percibimos el favor, provisión o posición dados a alguien como una disminución de la capacidad de Dios para bendecirnos, protegernos y proveer para nosotras".

❑ Otra:

2. La tentación a chismear puede ser muy fuerte, pero la Palabra de Dios es todavía más fuerte. ¿Cómo puede usar usted las verdades de Proverbios 12:18 y Proverbios 17:9 para que le ayuden a sobreponerse a la tentación de chismear?

_____

_____

_____

_____

_____

3. La autora describe el chisme no solo como algo que usted *dice*, sino también como algo que usted *escucha*. En la página 163, ella enumera varias preguntas que la han de ayudar a discernir si cuando alguien le confía algo, realmente lo que está es chismeando. A la luz de su nueva conciencia en cuanto a esta modalidad de chisme, ¿cómo piensa conducirse la próxima vez que alguien comience a contarle una ofensa que sufrió?

_____

_____

_____

_____

Padre:

En el nombre de Jesús, te pido que abras mis ojos para que pueda diferenciar el motivo y la intención de mi corazón. Te pido perdón por cada vez que he injuriado con mis palabras y no he confiado en tu protección. Me entrego a tu cuidado. Coloca un centinela sobre mi boca, para que no peque contra ti (Salmos 141:3). En el nombre de Jesús, amén.

Si lo permite, las exigencias y presiones que le rodean, usurparán siempre sus prioridades y desordenarán su día.

¡La enseñanza de Lisa sobre Isaías 52 realmente me conmocionó! Leer su libro —Sin control pero feliz— y ver la humildad y la autoridad con que habla, me ha dado el valor para seguir ¡el llamado que Dios hizo a mi vida!

—S. H., LONDRES

CAPÍTULO TRECE

¿ABNEGACIÓN O ABANDONO PROPIO?

¡Todos quieren algo de mí! Solemos decir estas palabras con el rostro contraído cuando nos sentimos arrastrados hacia todos lados. Pero si somos sinceros, esta queja está acompañada por un sentimiento de autosatisfacción. Las cosas podrían ser peores: ¿Y si nadie nos necesitara? ¿Qué pasaría si nuestro esfuerzo y nuestro talento pasaran inadvertidos?

Aun en nuestra exasperación, hallamos consuelo en ser necesitados. Suspiramos y nos apresuramos a asegurar a quienes nos rodean que podemos manejar nuestras insoportables cargas. ¿Por qué? Porque las mujeres necesitan ser necesitadas y los hombres necesitan ser respetados.

Las mujeres son compasivas. Está entretejido en nuestra propia naturaleza asistir y ayudar a los demás. Para la mujer es muy importante sentirse indispensable e irreemplazable. Para asegurarse de esa prominencia, ella suele colocarse en la vida de los suyos como "mediadora de las necesidades".

¿Por qué necesitamos ser mediadoras de las necesidades? Dios diseñó a la mujer para nutrir y cuidar al esposo, a los hijos y a los seres queridos. Pero eso mismo, puede llevarnos al agotamiento, si tratamos de proveer para todas las necesidades por nuestras propias fuerzas y capacidades. A veces, estamos tan ocupadas proveyendo para las necesidades de los demás que nos olvidamos de las nuestras. La preocupación extra puede ser nuestro mayor enemigo.

Sin darse cuenta, las mujeres tienden a elevar cualquier necesidad que enfrenten a una posición de prioridad. Esto es apropiado en el caso de emergencias, y es importante tener cierto grado de flexibilidad y espontaneidad. Pero cuando la excepción llega a ser un estilo de vida, es destructiva.

Para ser eficaces en Cristo, debemos saber qué es lo que debemos hacer: conocer el propósito para lo cual fuimos creadas. Si nuestras prioridades no están en su lugar, pasaremos nuestros días sin propósito, con la esperanza de estar yendo en la dirección correcta.

Si lo permitimos, las exigencias y presiones que nos rodean, usurparán siempre nuestras prioridades y desordenarán nuestros días. Pronto, las crisis insignificantes, las interrupciones y las llamadas telefónicas nos desviarán del curso que debemos seguir. De modo que esas actividades sin propósito dirigen nuestra vida. Ese desorden nos desgasta. Nuestros días pueden estar muy llenos de ocupaciones, pero son poco productivos. Eso nos agota y nos hace sentir fracasadas. Roba nuestro gozo y, con ello, nuestra fuerza.

Mi frustrante rutina

Para explicarlo mejor, quisiera contar algunos ejemplos de mi propia vida. A menudo, me costaba recibir ayuda de otros. Me sentía culpable, razonando que, en realidad, debería ser capaz de hacer todo por mí misma. Yo pensaba: *Si fuera más organizada o si me levantara más temprano, podría hacerlo todo.* Si alguien me ofrecía ayuda, me sentía presionada a recompensar su acción, recibiendo a la persona o ministrándola de alguna manera para apaciguar la culpa por mi propia insuficiencia.

Era más fácil hacer todo sola. Pero me sentía continuamente trastornada y agotada. Permitía que cualquier necesidad dictara mis prioridades.

Pasaba mis días corriendo en círculos —respondiendo a esta crisis, comenzando tal proyecto, interrumpida por otra dificultad— hasta que llegué a frustrarme tanto que solo quería sobrevivir a la hora de acostar a mis hijos, para tener un momento de descanso.

Acostaba a mi último hijo alrededor de las diez de la noche. Entonces, cobraba vida. Por fin, podía hacer algo con los niños en la cama y el teléfono en silencio. Sabía que no sería interrumpida. Mientras el resto del mundo se preparaba para dormir, yo comenzaba a lavar la ropa y enfilaba para la cocina.

Con hijos pequeños y un marido que era viajero frecuente, la cocina parecía un horror. Me ponía a limpiar el desorden de comida que había debajo de la mesa, pero luego decidía limpiar todo el piso. Mi cocina tiene pisos blancos de cerámica, con uniones blancas, y mantenerlos así es un verdadero desafío. Sacaba el cloro y los artículos de limpieza, para fregarlos con un cepillo de dientes hasta que creía desmayarme por las emanaciones del cloro. Luego, subía a la oficina para escribir algunos cheques y pagar las cuentas. Siempre hacía eso entre la una y las dos de la mañana, antes de que cayera rendida en la cama.

A las seis y media, el ciclo volvía a empezar. Entraba a tropezones a la cocina para preparar el café. Mis hijos me observaban con una mezcla de piedad y curiosidad. Ellos entendían (porque yo se los había dicho muchas veces) que las mamás hacen cosas por horas mientras todos los demás duermen.

Mi hijo mayor, en cierta ocasión, me preguntó ingenuamente:

—¿Por qué no te vas a dormir de una vez?

—No puedo. ¿Quién haría todas las cosas? —le expliqué.

—Ah —asintió con cierta tristeza.

Yo escuchaba las oraciones de mis hijos antes de acostarse, y mi segundo hijo oraba usualmente así: "Dios, permite que mamá descanse y amanezca renovada". Pero eso nunca ocurría.

Así que miraban mientras yo me movía en la cocina de un lugar a otro, tratando de envasar los almuerzos mientras hacía el desayuno. Preparaba a mi hijo mayor para ir al colegio, limpiaba la cocina y trataba de meterme en la ducha antes de que el teléfono comenzara a sonar, pero nunca llegaba a hacerlo. Eran las nueve de la mañana, y el resto del mundo ya estaba despierto y duchado.

Frustrada por las interrupciones, casi siempre lograba salir de la ducha justo a tiempo para comenzar el almuerzo. Después del almuerzo, solo tenía una hora más para trabajar antes de que fuese hora de buscar a los niños en la escuela.

Tal era mi ciclo diario.

Durante el embarazo de mi cuarto hijo, sufrí anemia. Mi marido tomó cartas en el asunto. Me hizo contratar a una señora para limpiar la casa dos veces al mes. Me ayudaba, pero las otras dos semanas del mes el desorden no podía esperar.

Una noche, cuando estaba embarazada de cuatro meses, me encontré sobre mis manos y mis rodillas limpiando los pisos de cerámica a medianoche. Me decía orgullosamente: *Ninguna señora de limpieza deja mi piso tan limpio. Nadie logra que las uniones estén tan blancas como las dejo yo.*

Dios me interrumpió: "Lisa, cuando estés ante mí no te recompensaré por lo bien que hayas limpiado tus pisos blancos. Te recompensaré por la fidelidad que hayas tenido hacia las cosas que yo te dije que hicieras. Suelta estas pequeñeces". Súbitamente, mis alardes me parecieron necios; mi agotamiento, muy inútil. Yo ya sabía lo que pasaría la mañana siguiente. Me despertaría irritada, arrancando con atraso antes de empezar el día.

Sin embargo, era muy caprichosa. Hacer todas esas cosas alimentaba mi autoestima. Disfrutaba de ser vista como una mártir por mi familia. Razonaba: *Me despertaré a las seis de la mañana y me daré una ducha antes de que mis hijos se levanten para poder organizarme mejor. Entonces, podré continuar con mis tareas del hogar, la administración del ministerio y el cuidado de mis hijos.* Hacía todas las cosas y siempre estaba atrasada.

Estaba sustentando mi autoestima con algo ajeno a Dios. La nutría con mi trabajo desinteresado para mi familia. Pero, en realidad, no era desinteresado. Yo era una egoísta al negarles a ellos lo que realmente importaba: mi tiempo y mi atención.

Descuidaba mi persona y mi familia

En el quinto mes de embarazo, mi automóvil tuvo un choque por detrás. El bebé salió ileso, pero ahora yo estaba embarazada y sufría un traumatismo cervical. Ya no era físicamente apta para hacer todas las cosas que venía haciendo. Tuve que enfrentar mis limitaciones físicas y mis percepciones distorsionadas. Al fin, me rendí y contraté a una señora para que limpiara cada semana hasta que tuviera el bebé.

¿Por qué tuve que llegar a estar totalmente incapacitada antes de aceptar la situación? Porque estaba muy ocupaba y preocupada con muchas cosas. Había confundido abnegación con abandono propio. Pensaba que cuidar de todos, menos a mí, era negarme a mí misma. Me hacía sentir útil y espiritual. Pero la verdad era que estaba negándome a mi familia, estaba negándome al llamado de Dios a mi vida; estaba siendo negligente conmigo misma.

Abnegación es dejar de lado nuestra voluntad natural para elegir el propósito de Dios.

Entonces Jesús dijo a sus discípulos: Si alguno quiere venir en pos de mí, niéguese a sí mismo, y tome su cruz, y sígame.

—Mateo 16:24

Yo les había negado a mis hijos una madre descansada y agradablemente despierta por las mañanas. Le había negado a mi marido y a mis hijos tiempo de calidad conmigo, porque siempre estaba tensa y ocupada. Sentía la necesidad de trabajar incesantemente, porque estaba siempre bajo el peso de todo lo que aún faltaba por terminar.

Cuando mi esposo estaba en casa, le negaba una esposa en la cama con él a causa de mis horarios extraños. Me quedaba despierta hasta más tarde que él o me escapaba del dormitorio cuando se dormía. Les negaba a mis hijos el acceso a mí. Sin darme cuenta, los empujaba a un costado cuando permitía que cada llamado telefónico interrumpiera el tiempo para estar juntos. Luego, los apuraba para ir a la cama. Yo no estaba disfrutando de mi marido ni de mis hijos; ¡solo estaba sobreviviendo!

Mamá Marta

Me había convertido en una mamá Marta. Me privaba de sueño, ejercicio y recreación. Desatendía la alegría de mi matrimonio y la de mis hijos. ¿Por qué razón? Por atender "cosas".

Lo peor de todo es que me estaba descuidando espiritualmente; siempre estaba dando sin recibir. Ese abandono no era por ganancia espiritual, sino por mis ocupaciones como madre. ¡Yo era una Marta! Me inclinaba en el suelo para orar y descubría un ladrillo de juguete bajo el sofá. Pronto estaba limpiando todo el piso superior y olvidaba totalmente que me había arrodillado para orar.

> —Marta, Marta —le contestó Jesús—, estás inquieta y preocupada por muchas cosas, pero solo una es necesaria. María ha escogido la mejor, y nadie se la quitará.
>
> —Lucas 10:41-42

A veces, debemos dejar desaparecer los ladrillos de juguete, cerrar nuestros ojos, apagar todo lo que nos distrae y sintonizarnos con Dios. Al principio, eso resultará más difícil que limpiar. Estamos acostumbradas a la actividad. Así es como nos sentimos necesarias. Marta quería a María en la cocina trabajando en lo preparar la comida. María asumía una actitud como esta: "Puedo comer después; ahora Jesús está hablando y quiero oírlo". Nuestro tiempo de oración, alabanza o adoración no es otra exigencia que el Señor nos impone. Es algo que él provee para refrescarnos.

Yo solía considerar la oración como otra cosa más que no había hecho en el día. Oraba todos los días, pero quería tener dos horas seguidas en el armario (que seguramente empezaría a ordenar). Al terminar el día, finalmente lograba unos minutos con Dios, aunque estaba segura de que él estaba molesto porque no le había dado las dos horas temprano, así que pasaba mi tiempo de oración pidiéndole disculpas. Un día, él interrumpió mi informe condenatorio. "¡Este tiempo es para ti!", me dijo. "Deja de verme como si estuviese enojado porque no oraste antes. Me alegra estar contigo ahora. Deja que te refresque para que puedas disfrutar de estos tiempos que compartimos". Esto revolucionó mi perspectiva de la oración.

Cuando estamos tan ocupadas con lo temporal que descuidamos lo eterno, nos frustramos. Culpamos a quienes nos rodean, aunque nuestra frustración es producto de nuestra propia falta de renovación espiritual. No nos renovamos porque estamos demasiado ocupadas cuidando a todos lo demás para que puedan renovarse. Luego, nos enojamos con ellos porque no mantienen nuestro frenético ritmo, por lo que golpeamos con furia las ollas y los utensilios de la cocina. Debemos dejar esas ollas y esos utensilios para disfrutar de Dios y los unos de los otros.

Dios me mostró que podía experimentar la misma renovación que recibía en su presencia cuando pasaba tiempo con mi esposo y mis hijos. Estaba demasiado ocupada tratando de ser madre que no desempeñaba ese papel con mis hijos. Estaba tan ocupada en ser una esposa que no era compañera. Después de todo, creía que demostraba mi amor al proveer para sus necesidades.

Cuando John me invitó a jugar al golf, le dije: "¡No tengo tiempo para golf!". A mí me irritaba que él lo hiciera. La verdad era que yo tenía tiempo para lo que quería. Pero no lo apartaba para la recreación o el esparcimiento. Estaba tan obsesionada con los que amaba que me había olvidado de disfrutarlos.

Recuerde, Dios nos hizo para el compañerismo. Él le dio la mujer al hombre para que no estuviera solo. Quería que disfrutaran el uno del otro y de todo lo que él había creado. Cuando reemplazamos nuestro tiempo de comunión con él con las obras de nuestras manos, nuestra energía se agota.

Lo mismo pasa con los niños y los amigos. Si no pasamos tiempo cultivando esas relaciones, con el tiempo dejarán de crecer.

¿Cómo podemos salvaguardar nuestro tiempo de esas faltas? ¿Cómo podemos mantener una perspectiva correcta? ¿Cuáles deben ser nuestras prioridades? Sé que hay muchos libros buenos que tratan sobre el orden del día, el tiempo y las prioridades. Algunos aconsejan este orden: Dios, marido, hijos, trabajo, iglesia y usted. Otros recomiendan: Dios, usted, ministerio, marido, hijos, iglesia, trabajo, amigos. Yo no trataré de compilar una lista por temor a que se use como una fórmula.

¡No creo que exista algo así! Si existiera, ciertamente no estaría incluida en mi sabiduría. Cuanto más camino con Dios, más me percato de las fórmulas, reglas y leyes que nos guían —inevitablemente— por el camino de la religión. Pregúntese simplemente: *"¿Cuál es mi motivación?"*.

¿Para qué está trabajando?

Nunca podrá ordenar correctamente sus prioridades a menos que les asigne valor. No me estoy refiriendo a la *gestión del tiempo,* sino más bien a la *administración del corazón.* Los hijos de Israel querían una lista de reglas y fórmulas más que una relación con su Creador. Ellos querían que se les explicara cada detalle posible sobre cómo obedecer a Dios y permanecer santos. Pero eso no funcionó.

Jesús lo resumió de la siguiente manera:

> Ama al Señor tu Dios con todo tu corazón, con toda tu alma y con toda tu mente ... Ama a tu prójimo como a ti mismo.
>
> —Mateo 22:37-39

Jesús eliminó la estructura rígida e inerme que imperaba. Él no les dijo cómo amar a Dios y a su prójimo. Jesús sabía que si sus corazones eran puros, las acciones correctas surgirían de ellos.

¿Cuál es nuestra estructura de valores? ¿Podemos confiar en crear una? No, porque nuestra naturaleza tiende a ocuparnos y distraernos, no solo en nuestros hogares, sino en la iglesia y en nuestros trabajos. No podemos confiar en nosotras mismas para medir con exactitud el mérito de aquello que Dios ha colocado en nuestras manos.

Vivimos en un mundo donde los estándares son relativos, tanto que flotan en un mar de incertidumbre y cambios constantes. Esos estándares suben y bajan con cada oleada. Lo bueno es malo y lo malo es bueno. Esa moralidad flotante no valora ni afirma lo que Dios estima. Nuestra cultura recompensa los logros y las apariencias, pero Dios recompensa la fidelidad y la sustancia.

Las cosas no son lo que parecen

Por desdicha, muchos cristianos están ocupados trabajando para parecer ser alguien con fortuna y éxito. Esto genera, en la persona, sentimientos de vacío y temor. Las apariencias son muy difíciles de mantener. Las fuerzas se agotan al tratar de protegerlas. Las apariencias drenan la energía que necesitaríamos para cambiar.

Apariencia quiere decir, por definición: "presentación, aires, semblanza o aspecto". En contraste, *sustancia* se define como "la esencia, cuestión, elemento o material". Esta definición sugiere la propia vida o verdad de una cuestión, persona o cosa. De qué está hecha, no solamente lo que la envuelve.

La verdad no avergüenza; es franca y cabalga en los vientos de los principios que superan los tiempos. Las apariencias meramente cubren y sacan su fuerza del engaño. El tiempo apresa la apariencia y, en última instancia, la expone y la destruye. Los caminos de Dios son más altos que los nuestros. Su verdad y sus principios no tienen fin. La verdad siempre sobrevive a la mentira.

Así que la reto a que examine su estilo de vida con sinceridad. ¿Está tan ocupada que se está descuidando a sí misma y a quienes ama? ¿Ha confundido el abandono propio con la abnegación? ¿Para qué está trabajando? ¿Está basando su seguridad en las pequeñeces o está concentrada en lo eterno?

Si su respuesta a alguna de estas preguntas es sí, no la use como excusa para sus remordimientos. Por el contrario, deje que la motiven a cambiar.

¿QUIÉN CONTROLA?

Según la autora, las mujeres suelen tender a elevar cualquier necesidad que tengan en frente a una posición de prioridad. Eso las lleva al abandono propio, que les roba la alegría de su vida. La solución para este aprieto no radica en la *gestión del tie*mpo, sino en la *administración del corazón*.

1. En el espacio de abajo, haga una lista de las cosas que más comúnmente enfrenta en el lapso de un día. Marque con una T las cosas que son una inversión en lo temporal y con una E aquellas que son una inversión en lo eterno. ¿Está gastando demasiado tiempo invirtiéndolo en cosas temporales?

_____

_____

_____

2. ¿Puede pensar en maneras de aumentar su inversión en lo eterno y disminuirla en lo temporal? Sería bueno que dedicara algunos momentos a orar, y pida al Espíritu Santo que guíe su pensamiento en este proceso. ¿Qué soluciones está trayendo él a su mente?

_____

_____

_____

3. ¿Cómo evalúa Dios las cosas en las que usted invierte su tiempo cada día? ¿Cómo estima él su valor: por lo que usted *hace* o por lo que usted *es* en Cristo? ¿Cómo podría ese cambio en el modo de pensar ayudarla a evaluar sus prioridades en el futuro?

_____

_____

_____

_____

_____

Amado Señor:

Necesito que me ayudes a olvidar las cosas que llenan mi día de ocupaciones. Ayúdame a recordar que me estás esperando para pasar tiempo conmigo y renovar mi espíritu. No me dejes estancar en ser una madre que descuide la crianza de los hijos o me ocupe tanto en ser esposa que olvide ser compañera. Ayúdame a dejar de definir mi valor por lo que hago y a empezar a definirlo por lo que soy en Cristo. Muéstrame las prioridades que quieres para mi vida y dame la sabiduría de hacer solo las cosas que advierta que tú me estás dirigiendo a hacer. Amén.

TERCERA PARTE

LIBRE AL FIN

El río de Dios nos llevará a lugares donde nunca estuvimos, de una manera a la cual no estamos acostumbradas

Lisa, su libro Sin control pero feliz ¡me ha cambiado la vida! Había sentido, por mucho tiempo, que estaba cruzando un lago en un bote, pero que se atascó en el medio, mientras se desviaba y era zarandeado por las olas. Seguía tratando de remar un poco, pero siempre acababa desanimándome, al ser sacudida por las corrientes de la vida. A través de su libro, ¡he alcanzado la orilla y estoy avanzando en mi trayecto! He entregado completamente el control de mi vida a Dios y siento su presencia conmigo. Ya no tengo una cadena alrededor del cuello; ¡soy libre! ¡Gracias por permitir que Dios la conformara a través de su Espíritu para escribir este libro!

—R. A., WASHINGTON

CAPÍTULO CATORCE

TAPADA POR EL AGUA Y SIN PODER CONTROLAR

Cuando tenía cinco años, era una chiquilla intrépida, sobre todo con el agua. La única manera en que mis padres pudieron convencerme para que tomara lecciones de natación fue prohibirme que me zambullera desde mucha altura. Aunque no sabía nadar, escalaba el trampolín de tres metros, me ceñía el flotador, y era la primera en zambullirme de pie en cuanto el salvavidas dejaba de observarme.

En cuanto tomé lecciones de natación, me superé, y pronto estaba nadando en competiciones todo el año. Comencé a los seis años y nadé en competencias hasta mis años universitarios.

Crecí en Indiana y nuestra familia tomaba anualmente vacaciones en Florida. Fue allí donde desarrollé el amor por el surf. Pasaba todo el día en la playa. Cuanto más altas eran las olas, mejor. Salía nadando y me situaba a esperar el momento preciso cuando, si nadaba suficientemente rápido, podía igualar la velocidad de la ola. Cuando la alcanzaba, ella me levantaba y me llevaba a la costa. Cuando llegábamos, yo era sacudida de la cabeza a los pies en las aguas poco profundas, donde la ola agotaba sus fuerzas sobre la playa.

Restregaba mis pies entre la arena y el agua y, le gritaba a mi madre y a todo el que estuviera cerca: "¡Eh! ¿Vieron lo lejos que llegué esta vez?".

Volvía a meterme y me zambullía nuevamente entre las olas que venían. Esperaba otra vez hasta que encontraba otra ola que me trajera. No temía ni a las olas ni al agua. Disfrutaba cambiando mi control y el contacto con el suelo del océano por la gran emoción de montar en las olas. Al ir creciendo, ya no tenía tanta libertad. Me fui haciendo tímida. Notaba que otros me miraban y me preguntaba cómo me verían. Pensaba que me veía torpe al llegar a la orilla y caer. También estaba el molesto asunto de la arena que se me metía en el traje de baño o si la pieza superior del mismo se salía y si la parte inferior se me caía, todo un lío. Los temores sobre en cuanto a cómo podrían verme los espectadores anónimos me robaba la alegría de nadar.

Pensaba: *Estoy crecida y madura. ¿Quién necesita de arena sucia y un océano turbulento?* No quería nada más agresivo que una piscina. En la piscina, podía refrescarme, pero también podía decidir cuándo, dónde, a qué profundidad y con cuánta frecuencia quería ir.

Al poco tiempo, también decidí que era una molestia meterse al agua ¡y punto! En fin, me desarreglaba el cabello y el maquillaje. Además, podía estar demasiado fría. Pero, de igual forma, me sentía recelosa y tímida si no estaba en una piscina.

No es mi elemento

Nadar provee una oportunidad única de experimentar un elemento y ambiente en los cuales normalmente no vivimos. Nos da la oportunidad de jugar con lo que potencialmente puede matarnos. El agua debe respetarse. No juega con nuestras reglas; nosotros debemos jugar con las suyas. No podemos vivir sin agua, pero tampoco podemos vivir en ella.

Puedo oír a algunas de ustedes diciendo: "No me gusta nadar". Pero, ¿qué es lo que no les gusta de nadar?

¿Acaso es la temperatura? ¿O el miedo porque no podrá tocar o ver el fondo? ¿El temor a lo que haya bajo el agua? ¿La asustan las aguas profundas y quietas o las poco profundas y turbulentas? ¿Es la profundidad o las olas? ¿Acaso es porque no puede respirar bajo el agua? ¿Se siente desnuda en un traje de baño? Es probable que usted no pueda nadar.

Por mi parte, decidí que había nadado lo suficiente. Era tiempo de que mis hijos disfrutaran del agua mientras yo los observaba desde la orilla. Pero el Espíritu me susurró:

—Te gusta nadar.

—Antes, ya no —contesté.

—Pero te gusta que el agua te cubra la cabeza. Te encanta la profundidad.

—Ya no más —respondía.

Como ven, estaba tratando con algo más que lo incómodo o lo indecoroso. Me había vuelto temerosa no solo del agua, sino de cualquier cosa que tuviera el poder de arrastrarme por los pies y pasar sobre mi cabeza.

Estaba en un tiempo de cambio y transición. Quería asegurarme de manera anticipada qué esperar. Quería planear. No deseaba más sorpresas. Ya era mayor, entradita en años. Conocía mis limitaciones y mis niveles de comodidad, y no quería que se violaran. Para mantener esa posición, decidí replegarme para protegerme. Si me adelantaba demasiado, me aventuraría en el dominio de lo inseguro e inesperado. Así que me mantenía en la orilla de la indecisión con un ojo vigilante sobre el agua.

Es tiempo de ir a nadar

La orilla, sin embargo, estaba repleta con sus propios temores. Temor al fracaso, temor a errar, temor a quedar en la orilla, el temor de dejarla. Temor, temor y más temor: el temor me inmovilizaba más que cualquier otra cosa.

Me estaba volviendo irritable por los límites que me había impuesto para protegerme. Mi descontento se produjo junto con una liberación que recibí al leer Isaías 52:1-2. Dios estaba despertando mi interés por la aventura. Parecía que quería liberarme de mi esclavitud para que yo pudiera devolverle a él el control total. Apenas acababa de zafarme de mis cadenas cuando él me dijo que saltara a las aguas hasta que me taparan la cabeza.

Por primera vez, noté que el temor hablaba a mi mente. Pensaba: *Y esto, ¿de dónde vendrá?* Sabía que era importante resistir al temor para permanecer libre, pero no estaba segura de ceder el poco control de mi vida que ahora disfrutaba. Entonces, Dios me mostró su río, y me susurró para animarme: "Recuerda, te gusta nadar".

El río de Dios

Encontré este río en Ezequiel. Es un río que fluye desde el umbral del templo de Dios y de la sala del trono de su príncipe (Ezequiel 47:1-2).

A través de una visión, Ezequiel fue traído a Jerusalén desde el exilio. Él estaba en el templo, donde recibió indicaciones y directrices específicas para servir en el templo y practicar la adoración. Estaba acompañado por "un hombre que parecía hecho de bronce. Estaba de pie junto a la puerta, y en su mano tenía una cuerda de lino y una vara de medir" (Ezequiel 40:3).

Ellos escribían cada medida y ordenanza para la adoración. Ese hombre le mostró a Ezequiel la gloria de Dios en la puerta oriental. Luego, Ezequiel fue llevado por el Espíritu al atrio interior, donde vio cómo la gloria de Dios llenaba el templo.

En el capítulo 47, Ezequiel fue llevado fuera del templo a un río que fluía del lado sur del templo. Era más que un río natural: era el río de la gloria de Dios que procedía de su trono.

El hombre de bronce trasladó a Ezequiel a la ribera del río de Dios y midió su extensión en intervalos de miles de codos desde la orilla. A cada intervalo, llevaba a Ezequiel más adentro de las aguas para que pudiera comprobar la profundidad del río.

> Y salió el varón hacia el oriente, llevando un cordel en su mano; y midió mil codos, y me hizo pasar por las aguas hasta los tobillos.
>
> —Ezequiel 47:3

A los primeros mil codos de profundidad, el agua solo le llegaba hasta el tobillo. En aguas poco profundas, se puede caminar libremente. Usted todavía puede observar el fondo del río y ver si está caminando sobre arena o piedra. El suelo lo sigue sosteniendo. Usted está en el agua, pero sigue en la tierra. Puede caminar rápido, con poca o ninguna resistencia del agua. Puede sentir su frescura y refrescarse, pero en cualquier momento puede devolverse y regresar a la orilla.

> Midió otros mil, y me hizo pasar por las aguas hasta las rodillas.
>
> —Ezequiel 47:4

Cuando el agua le llega a las rodillas, usted comienza a aminorar la marcha en su avance por el río. Según sea la fuerza de la corriente, quizás le cueste caminar en línea recta a menos que tenga algo para alinearse con la orilla.

Si no puede mantener su posición con un punto de referencia, se encontrará con que la corriente la ha llevado río abajo. La profundidad de las aguas hasta las rodillas tiene mayor influencia que las aguas hasta los tobillos. Si trata de moverse rápidamente, pronto perderá su equilibrio y se encontrará mojada. Pero a esa profundidad, es fácil detenerse otra vez, dar la vuelta y volver sobre sus pasos hasta llegar a la orilla

> Midió luego otros mil, y me hizo pasar por las aguas hasta los lomos.
>
> —Ezequiel 47:4

Cuando el agua llega hasta la cintura, ya es otra historia. Ahora, usted está mitad adentro y mitad afuera del agua. Su avance en el agua se hace mucho más laborioso. Es más que probable que ya haya perdido de vista el fondo del río. Sabe que está ahí porque lo siente bajo sus pies. Pero sentir algo que no puede ver no es tan cómodo como ver algo que no puede sentir. Ahora bien, las aguas tienen mucha influencia en su progreso y su dirección. Con el agua a la cintura, es más fácil nadar que caminar, pero como el suelo ya no es visible, es difícil abandonar su contacto con él.

> Midió otros mil, y era ya un río que no podía pasar, porque las aguas habían crecido de manera que el río no se podía pasar sino a nado. Y me dijo: ¿Has visto, hijo del hombre?
>
> —Ezequiel 47:5-6

Ahora, las aguas estaban sobre la cabeza de Ezequiel. No podía ver el fondo del río y ya no tenía más contacto con él. Ya no estaba sostenido por el firme suelo del río; ahora estaba sostenido por el río. Estaba bajo su control. Ezequiel estaba totalmente rodeado por un elemento en el cual no podía caminar ni respirar. Era impulsado por las rápidas y poderosas corrientes del río. El progreso era dictado por el fluir del río. Las corrientes condicionaban su velocidad y su distancia.

Usted no tiene influencia en este tipo de río, pero él ciertamente sí la tiene sobre usted. Ezequiel describió aquello como un río suficientemente profundo como para nadar, pero imposible de cruzar. Si luchara contra la corriente, a lo sumo quedaría exhausta. Podría ahogarse. Su mejor posibilidad es entregarse al río y desplazarse a donde la lleve.

El río de Dios puede rodear, sostener, llevar, transportar, refrescar y, por momentos, inundarla. Dondequiera que este río fluye trae vida.

> Y toda alma viviente que nadare por dondequiera que entraren estos dos ríos, vivirá; y habrá muchísimos peces por haber entrado allá estas aguas, y recibirán sanidad; y vivirá todo lo que entrare en este río. Y junto al río, en la ribera, a uno y otro lado, crecerá toda clase de árboles frutales; sus hojas nunca caerán, ni faltará su fruto. A su tiempo madurará, porque sus aguas salen del santuario; y su fruto será para comer, y su hoja para medicina.
>
> —Ezequiel 47:9, 12

Es un río vibrante de energía que lleva vida por donde fluya. Pero se nos advierte que no debemos cruzarlo. Cuando Dios fluye por su Espíritu, no podemos cruzarlo. Él quería asegurarse de que Ezequiel viera claramente y experimentara la fuerza y la magnitud de ese río.

No resista al Espíritu Santo

¿Qué significa resistir algo? Cuando nos oponemos, contradecimos, frustramos o actuamos de manera cínica con el fluir del Espíritu Santo, lo resistimos. También resistimos al Espíritu Santo cuando mezclamos lo que él está haciendo con algo que no hace o no compagina con él. Eso significaría mezclar la gloria del hombre con la gloria de Dios. Eso significaría que comercializamos el fluir de Dios. Puede, incluso, significar un celo sin conocimiento.

Mire la manera en que Jesús enfrentó a Pablo cuando estaba resistiendo a la iglesia primitiva, a la que perseguía:

> Él cayó al suelo y oyó una voz que le decía: "Saulo, Saulo, ¿por qué me persigues?". "¿Quién eres, Señor?, preguntó". "Yo soy Jesús, a quien tú persigues", le contestó la voz.
>
> —Hechos 9:4-5

Jesús no dijo: "Oye, Saulo, ¡deja de lastimar a mi iglesia!". Él acusó a Saulo de perseguirlo. No una, sino dos veces expresó eso. Estoy seguro de que Saulo (Pablo) se sorprendió. Él pensaba que estaba en una misión divina. Él conocía los nombres de quienes había aprisionado o ejecutado, pero, ¿quién era este?

Pedro también reconoció la importancia de no resistir al Espíritu Santo. Él había estado predicando a los gentiles, que habían sido gloriosamente bautizados en el Espíritu Santo. Cuando regresó a Jerusalén, los líderes de la iglesia lo reprendieron por ministrar a los gentiles. Pedro explicó lo que había sucedido:

> Cuando comencé a hablarles, el Espíritu Santo descendió sobre ellos tal como al principio descendió sobre nosotros. Entonces recordé lo que había dicho el Señor: "Juan bautizó con agua, pero ustedes serán bautizados con el Espíritu Santo". Por tanto, si Dios les ha dado a ellos el mismo don que a nosotros al creer en el Señor Jesucristo, ¿quién soy yo para pretender estorbar a Dios? Al oír esto, se apaciguaron

y alabaron a Dios diciendo: "¡Así que también a los gentiles les ha concedido Dios el arrepentimiento para vida!".

—Hechos 11:15-18

Pedro sabía mejor que nadie que no debía intentar controlar algo que Dios estaba haciendo. Él comprendía que no debía resistir a Dios. Un temor santo y reverente cubría todo lo que el Espíritu estaba haciendo. Los líderes aceptaron su explicación aunque contradijera la ley judaica y la tradición.

El río de Dios fluirá independientemente de la aprobación del hombre. No será provisto por el hombre porque se origina en el mismo umbral del trono del Dios. No será alterado por el hombre. El curso del río está establecido por el Espíritu, no por nuestra intervención. Nos llevará a lugares donde nunca estuvimos de una manera a la cual no estamos acostumbradas.

¿Nota que la entrada al río es gradual? Usted no empieza con el agua sobre su cabeza. Comienza a la altura de los tobillos, luego progresa hasta la rodilla, luego sube hasta la cintura. Eso nos permite adaptarnos a los cambios de temperatura y de la corriente. Luego, el suelo baja repentinamente y el agua cubre nuestras cabezas. Este es el punto en el cual debemos rendir todo nuestro control a la corriente. Aquí es donde nos dejamos llevar y permitimos que Dios ejerza control sobre nuestro cuidado, recorrido y destino.

Vagabundos

Hay gente que vacila, espiritualmente, en las orillas de la decisión. ¿Entran y prueban el agua? ¿Deben vagar con el agua hasta la cintura o sumergirse y ceder todo control al río?

Algunas personas anhelan desesperadamente saltar con total abandono en las corrientes de este río. Si lo pudiera hacer, en un instante usted estaría con el agua sobre su cabeza, pero algo la hace retroceder

Está enredada. La gente le está rogando desde la playa: "¡No vayas más adentro! ¡Te necesito! ¡No me dejes atrás! ¡Quédate un poco más!". Su corazón es atraído por el agua, pero se siente forzada a permanecer con ellos en la orilla.

Sé que esto luce fuerte, pero debe olvidar sus ruegos y arrojarse al agua. Es la única forma de que usted sea realmente capaz de ayudar a los demás. Las voces son generalmente las de los miembros de la familia. Jesús nos dijo que enfrentaríamos este tiempo de separación:

> Si alguno viene a mí, y no aborrece a su padre, y madre, y mujer, e hijos, y hermanos, y hermanas, y aun también su propia vida, no puede ser mi discípulo.
>
> —Lucas 14:26

La Biblia usa la palabra *aborrecer* para indicar cierta actitud —en grado menor— en cuanto a la familia en comparación con la que debemos tener con Dios". Jesús está desenmascarando cualquier atadura que pueda sujetarnos a algo que no sea él.

Separados por la espada

En mi propio caso, he oído esas voces de la orilla. Había una en particular que me hacía sentir obligada a escuchar. Me sentía tan responsable por un ser querido, específicamente, que se había convertido en algo malsano.

Si esa persona no estaba contenta y yo sí, me sentía culpable. Si tenía un problema, lo hacía mío. Yo actuaba como mediadora en las relaciones de esa persona con el resto de la familia. Me sentía agobiada tratando de resolver sus problemas. Me enredé tanto en los estados de ánimo de ella que afectaron mi vida y mi matrimonio. Nadie, ni siquiera mi marido, tenía ese efecto sobre mí. Por años, luché con esa relación. Sabía que era malsana, pero parecía que no podía desecharla. Quería mostrar mi amor y respeto por ella, pero el control que sentía lo hacía muy difícil. Hasta que me sinceré con una amiga que me contó estas palabras de Jesús:

No crean que he venido a traer paz a la tierra. No vine a traer paz sino espada. Porque he venido a poner en conflicto al hombre contra su padre, a la hija contra su madre, a la nuera contra su suegra.

—Mateo 10:34-35

Esta escritura parece demasiado dura. Esa persona era creyente. ¿Cuál sería la razón para volverme contra ella? Yo no quería una ruptura. Quería solamente que la relación fuera saludable.

Leí el texto de nuevo. Esta vez, al analizarlo, vi un ángel con los ojos de mi mente. En su mano sostenía una espada de luz. Oí que el Señor decía: "Deja que pase mi espada entre ustedes dos".

Podría decir que el ángel estaba esperando mi permiso. Él no haría nada a menos que yo lo instruyera. El Señor continuó: "Lisa, ves esta espada como un instrumento de destrucción. Mi espada tiene dos filos. Con uno corta y con el otro sana". Luego me citó esta escritura tan conocida:

Porque la palabra de Dios es viva y eficaz, y más cortante que cualquier espada de dos filos; penetra hasta la división del alma y el espíritu, de las coyunturas y los tuétanos, y es poderosa para discernir los pensamientos y las intenciones del corazón.

—Hebreos 4:12

De modo que medité más sobre la relación en cuestión. Y descubrí que tenía una necesidad profundamente arraigada de recibir la aprobación de esa persona en casi todo. Yo había contribuido con una porción malsana a esa relación, tratando de satisfacer necesidades que solo Jesús podría compensar. Entonces ¿por qué me sorprendía estar sentenciada a la frustración?

Yo sabía que Jesús me estaba pidiendo que le permitiera hacer lo que yo no podía hacer.

Él no daría el nombre y la identificación de cada lazo que nos había atado. Al contrario, ¡los cortaría! Mi comportamiento nos había atado a ambos. Cuando vi eso, cerré los ojos y le pedí a Dios que nos librara con su Espíritu. Vi cómo un sable de luz pasando entre nosotros en un instante.

De inmediato, sentí que no le debía nada a esa persona, salvo amor. Algunos aspectos no cambiaron de la noche a la mañana, pero cambiaron. Ahora esa relación es saludable e íntegra.

Muchas de ustedes deben permitir que la Palabra de Dios pase entre ustedes y cualquier enredo que las mantenga atadas. Obedezcan al Señor y respondan cuando el Espíritu las inste a cederle el control.

Ponga al cuidado de Dios a su cónyuge, a sus seres queridos, a sus amigos, sus temores, sus miedos y, lo más importante, póngase usted en las manos de él. Experimentará una libertad como jamás conoció, simplemente, por ponerse en sus manos.

Deje que el río de Dios desborde y se le adelante. El río les dará vida a todos los que usted ama. ¿Cómo podrá refrescar a otros si usted misma no se refresca? Métase al agua y juéguese el todo por el todo.

¿QUIÉN CONTROLA?

1. La autora describe su miedo a nadar para ilustrar cómo se sentía respecto a perder el control. ¿Cómo se siente usted cuando pierde el control de una situación?

_____

_____

_____

_____

2. La autora relaciona su miedo a las masas de agua naturales con el río de Dios descrito en Ezequiel 47. ¿Ha sentido usted miedo de dejar el control de su vida al Espíritu Santo? ¿Cómo piensa que podría cambiarla a usted el estar bajo el control del Espíritu Santo?

_____

_____

_____

_____

3. La autora desafía: "Obedezcan al Señor y respondan cuando el Espíritu las inste a cederle el control. Ponga al cuidado de Dios a su cónyuge, a sus seres queridos, a sus amigos, sus temores, sus miedos y, lo más importante,

póngase usted en las manos de él. Experimentará una libertad como jamás conoció, simplemente, por ponerse en sus manos". Ahora, ¿está usted deseando estar totalmente inmersa en el río de Dios, cediéndole por completo el control a él? Dedique un tiempo a orar y cédale el control de su vida a Dios. Luego escriba lo que sienta que él le ha dicho.

_____

_____

_____

_____

Padre:

· Vengo ante ti a pedirte perdón por haber permitido que otros me retuvieran. Perdóname por haber tratado de ocupar en sus vidas un lugar que solo tú puedes llenar. Señor, pasa tu espada entre esa persona y yo. Que no quede entre _____ y _____ nada ni nadie sino tú. Pongo a esa persona a tu cuidado y me entrego a tu flujo y tu dirección para mi vida. Inúndame de tu Espíritu y lávame en tu río.

Permite que el río de Dios te sobrepase y te lleve. El río traerá vida a quienes amas. ¿Cómo podrás refrescar a otros si tú no eres refrescada? Camina río adentro y arrójate a las aguas.

EPÍLOGO

"Para ustedes que temen mi nombre, se levantará el sol de justicia trayendo en sus rayos salud. Y ustedes saldrán saltando como becerros recién alimentados" (Malaquías 4:2).

¿Alguna vez ha visto un becerro saltando de su establo? Tan pronto como la puerta se abre, sale corriendo, pateando y brincando. Al ver eso, ¡una no puede imaginar cómo pudo el establo contenerlo!

Dios usa esta analogía para describir la liberación de su pueblo, los que reverencian y honran su nombre. Ellos habían estado encerrados en un establo. Ahora él quiere librarlos para que salgan a alimentarse y a retozar en los campos.

Note que antes de liberarlos, los sanaría. Su sol de justicia se levantará con sanidad. El sol es una bola de fuego constante y consumidor. Podemos estar seguros de que Dios está hablando acerca del fuego porque en Malaquías 4:1 dice:

> "Miren, ya viene el día, ardiente como un horno. Todos los soberbios y todos los malvados serán como paja, y aquel día les prenderá fuego hasta dejarlos sin raíz ni rama dice el Señor Todopoderoso".

Esto describe el fuego refinador del juicio de Dios sobre los orgullosos y malvados. Los quemará hasta no dejar nada. El mismo fuego que los destruirá purificará y sanará a los creyentes que aman y temen a Dios. La Palabra de Dios nos da vida y luz, pero a la misma vez pronuncia juicio sobre el mundo de los incrédulos.

Después que Dios nos sane y nos suelte, "el día que yo actúe ustedes pisotearán a los malvados, y bajo sus pies quedarán hechos polvo" (Malaquías 4:3). ¿Está lista para ser liberada?

En este libro, he intentado compartir —con franqueza y esperanza— que a través de mi apertura usted pueda vislumbrarse a sí misma. Oro que al compartir libremente mis ataduras, usted pueda identificarse con el proceso de liberación de Cristo. He escrito esto desde mi corazón hacia el suyo.

Algo mayor le espera, una libertad como nunca la ha experimentado. Es una libertad sin precio que deberá luchar para mantener. Pero usted debe permitir que Dios sea el único que juzgue a quienes la rodean. Usted únicamente debe someterse al proceso de refinamiento y sanidad de Dios.

Creo que las verdades en este libro son parte de ese proceso. Usted conocerá la verdad y la verdad la hará libre. La soltará de toda cautividad.

Ahora es tiempo de pisotear y hollar con sus pies cada yugo de peso y cautiverio que el enemigo haya puesto sobre sus hombros. Olvídese del yugo del control. Dele a Dios el cuidado de todas las cosas. Suelte todo.

Quiero que visualice cada preocupación o impedimento que la empuje hacia abajo como yugo de esclavitud. Despéguelo de sus hombros y arrójelo a sus pies. Escriba todas sus preocupaciones en una hoja de papel y colóquela en el suelo. Ahora, diríjase a ellas en oración:

Control y temor, les hablo en el nombre de Jesús. Rehúso estar bajo su atadura o servidumbre. Renuncio a sus cargas. Ya no tomaré el yugo de la religión ni el temor al hombre. Solo estaré en yugo junto a mi Amo, Jesucristo. Le cedo el control de mi vida, mi familia, mis amigos, mis finanzas, mi seguridad y mi posición. Las pisoteo con mis propios pies para significar que el fuego de Dios ha quebrado su dominio sobre mi vida.

¡Gracias a Dios, que nos da la victoria!

APÉNDICE

Proverbios relacionados con los chismes

Al sabio de corazón se le llama inteligente; los labios convincentes promueven el saber.

—Proverbios 16:21

El hipócrita con la boca daña a su prójimo; mas los justos son librados con la sabiduría.

—Proverbios 11:9

Las palabras del malvado son insidias de muerte, pero la boca de los justos los pone a salvo.

—Proverbios 12:6

El corazón entendido busca la sabiduría; mas la boca de los necios se alimenta de necedades.

—Proverbios 15:4

El corazón del justo medita sus respuestas, pero la boca del malvado rebosa de maldad.

—Proverbios 15:28

El corazón del sabio hace prudente su boca, y añade gracia a sus labios. Panal de miel son los dichos suaves; suavidad al alma y medicina para los huesos.

—Proverbios 16:23-24

El buen juicio hace al hombre paciente; su gloria es pasar por alto la ofensa.

—Proverbios 19:11

Honroso es al hombre evitar la contienda, pero no hay necio que no inicie un pleito.

—Proverbios 20:3

Sin leña se apaga el fuego; sin chismes se acaba el pleito.

—Proverbios 26:20

El que encubre sus pecados no prosperará; mas el que los confiesa y se aparta alcanzará misericordia

—Proverbios 28:13

LIBROS DE
LISA BEVERE

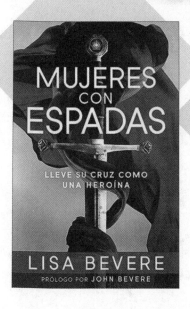

CASA CREACIÓN

Para vivir la Palabra
www.casacreacion.com

CASA CREACIÓN

Te invitamos a que visites nuestra página
web, donde podrás apreciar la pasión por
la publicación de libros y Biblias:

www.casacreacion.com

 @CASACREACION

 @CASACREACION

 @CASACREACION

Para vivir la Palabra